ECKART-
SCHRIFT 240

W0095264

Walter Tributsch

Kärnten –
100 Jahre nachdem
„Mannesmut und Frauentreu`
die Heimat sich erstritt aufs neu`"

Österreichische Landsmannschaft
Wien, im Mai 2020

ISBN: 978-3-902350-77-0

Inhaltsverzeichnis

Vorwort

Zum Thema Kärntner Abwehrkampf und Kärntner Volksabstimmung ist in 100 Jahren viel geschrieben worden. Vieles vor allem auch von namhafteren und für die Historie berufeneren Autoren. Es wurde daher bei dieser Schrift auch nicht der Versuch unternommen, eine streng chronologische Wiedergabe der mit dem Kärntner Freiheitskampf in Verbindung stehenden damaligen und folgenden Ereignisse zu verfassen. Es wurde vielmehr versucht, einen politischen Blickwinkel auf dieses für Kärnten doch richtungsweisende Ereignis zu werfen.

Eine Betrachtungsweise, die den einen oder anderen Punkt zutage fördert, der in den bisherigen Abhandlungen nicht oder nach der durchaus subjektiven Auffassung des Autors nicht ausreichend zur Geltung gekommen ist.

Der Leser kann also davon ausgehen, neben bekannten Aspekten auch Vieles hiermit vorgesetzt zu bekommen, an das man in der relevanten politischen Betrachtung dieser hundert Jahre vielleicht zwar angestreift ist, aber, aus welchen Gründen auch immer, darüber hinweg-gesehen hat. Einiges wird wohl auch dabei sein, das neu und bisher unbekannt war.

Vieles des hier Geschilderten wird durchaus auch emotional aufgeladen erscheinen. Das entspricht jedoch den beschriebenen Gegebenheiten. Es wurde ganz bewusst verzichtet, eine streng sachliche Nüchternheit zu üben, wie das bei wissenschaftlichen Arbeiten der Fall sein sollte.

Hochemotional sind aber fast alle Vorgänge und Ereignisse, die im Zusammenhang mit der Kärntner Identität nach der Volksabstimmung stehen. Eine Identität, die man durchaus als zwiespältig bezeichnen kann, wobei der Zwiespalt, wie wir sehen werden, nicht nur zwischen der Einstellung der deutschen Mehrheitsbevölkerung und jener der slowenischen Volksgruppe besteht, nicht nur in den Betrachtungsweisen in Österreich auf der einen Seite und Jugoslawien/Slowenien auf der anderen, sondern durchaus auch auf innerösterreichischen parteipolitischen Divergenzen beruht.

Natürlich ist auch meine Einstellung und damit mein Blickwinkel subjektiv. Das erklärt sich schon aus meiner Abstammung. Mein Vater stammte aus dem Kanaltal und hat 1940 für das Deutsche Reich optiert und ein Onkel meiner Mutter, Herr Leopold Petermair, war selbst Abwehrkämpfer.

Ihnen beiden sei dieses Büchlein gewidmet.

Ausdrücklich bedanken möchte ich mich bei Herrn LAbg. a.D. Fritz Schretter, Obmann des Kärntner Abwehrkämpferbundes und Herrn Hofrat Dr. Josef Feldner, Obmann des Kärntner Heimatdienstes. Beide haben mir mit persönlichen Auskünften und mit zur Verfügung gestellten Unterlagen und Bildmaterial sehr beim Verfassen dieser Eckartschrift geholfen.

Mein Dank gilt auch Herrn Dr. Norbert Haslinglehner für die Möglichkeit der Ablichtung des seltenen Druckes von Arthur Lemisch, der den Landesverweser als Paukant einer Studentenmensur zeigt.

Einzelne Punkte, die weitergehendes Interesse vermuten ließen, wurden mit hochgestellten Ziffern versehen. Die Texte dazu finden sich am Ende des Büchleins (S. 101–108).

Walter Tributsch

Wien/Klagenfurt, im Februar 2020

1. Der Stolz der heimatbewussten Kärntner

Es war im September 1960. Der aufregende Schulbeginn für die Taferlklassler lag gerade einmal wenige Tage zurück. Jeder Tag brachte erstaunliche neue Erkenntnisse für die nun ins Schulleben eingetretenen jungen Kärntner Buben. Doch dieser Tag sollte noch einmal eine Steigerung bringen. Die Klasse spürte, dass der noch so junge Schulalltag einem Höhepunkt zusteuerte.

Der Besuch des Direktors stand bevor. Ein älterer, klein gewachsener Herr trat in die Klasse. Er hatte ein rundliches, leicht gerötetes Gesicht mit einem gewinnenden Lächeln um die Lippen und einer Brille auf der Nase. Das weiße Haar war schütter und ließ bereits die ebenfalls leicht gerötete, sich anbahnende Glatze durchschimmern. Trotz des scheinbar gemütlichen Äußeren ging von der Person im braunen Kärntneranzug mit der geblümten schwarzen Samtweste eine unausweichliche Autorität aus.

Der Direktor fackelte nicht lange herum. Nach einer kurzen freundlichen Begrüßung kam er zur Sache. „Wir leben in einem wunderschönen Land. Kärnten ist auch in der Pracht unserer Republik Österreich ein richtiger Diamant. Wie großartig unsere Heimat wirklich ist, wird euch erst so richtig bewusst werden, wenn ihr im Laufe eures Lebens mehr von dieser Welt sehen werdet. Kärnten, unser Heimatland, ist nicht nur schön und lebenswert, es hat auch eine einzigartige Geschichte. Vor nunmehr 40 Jahren haben die Kärntner in einer Volksabstimmung entschieden, dass sie bei der damals noch ganz jungen Republik Österreich bleiben wollen und nicht von dem neu gegründeten SHS-Staat, dem

Königreich der Serben, Kroaten und Slowenen, die heute gemeinsam mit anderen Teilländern Jugoslawien heißen, vereinnahmt werden". Mit diesen Worten leitete er seine Ausführungen ein, die einen kurzen, prägnanten und für die gerade einmal Sechsjährigen verständlichen Überblick über Abwehrkampf, Volksabstimmung und die wichtigsten Hintergründe dazu gaben.

Natürlich waren diese Informationen ein bisschen viel für die jungen, für historische Zusammenhänge noch wenig vorbereiteten Köpfe der Volksschüler, das wusste auch der Direktor, aber die Eckpunkte seiner kurzen Heimatkunde wurden von den jungen Gehirnen aufgesaugt wie von einem Schwamm. Vor allem aber wurde damit die Bedeutung dieser Ereignisse und dieses Jahrestages für Kärnten und die Kärntner wohl ein Leben lang in das Bewusstsein dieser Generation eingeprägt. Ein zartes Pflänzchen der Kärntner Identität begann zu sprießen.

„Weil dieser Tag der Volksabstimmung, die Entscheidung der Kärntner, ungeteilt bei Österreich bleiben zu wollen, so wichtig war, ist der 10. Oktober nun unser Landesfeiertag", setzte der Direktor seine Ansprache fort. „Dieser Tag wird im ganzen Kärntnerland würdig und stimmungsvoll begangen, vor allem auch in Erinnerung der heldenhaften Taten unserer Abwehrkämpfer, von denen einige ihr Leben dafür geben mussten. Diese Erinnerung sind wir ihnen, die wir dadurch in einem freien Land leben dürfen, auch für alle Zeiten schuldig", schloss der Direktor und kündigte den Ablauf der Schulfeiern für den 10. Oktober an.

Der Direktor war Hans Wedam und der Autor dieser Schrift saß an jenem denkwürdigen Tag als

Schulanfänger in der Bank der ersten Klasse in der Westschule. Beide Familien stammten aus dem nach dem 1. Weltkrieg an Italien verloren gegangenen Kanaltal.

Die Vorbereitungen für den Landesfeiertag wurden sehr ernst genommen. Sowohl seitens der Lehrerin als auch von den Schülern. Dabei wurde auch das Kärntner Heimatlied erarbeitet, in allen vier Strophen. Auch wenn die Erstklässler mit den dichterischen Formulierungen, wie „Nordgaus Alpenkette" oder „Pomonens schönster Tempel" nicht viel anfangen konnten, tat dies der Begeisterung beim Auswendiglernen keinen Abbruch und schon nach wenigen Tagen schallte das Lied aus den jungen Bubenkehlen durch die Klasse, wohl gut hörbar auch auf den Gängen des Schulgebäudes.

Als der 10. Oktober schließlich vor der Tür stand, war die Spannung der jungen Kärntner Schüler vor dem Platzen. Jeder freute sich, sein erworbenes Können der Landeshymne und seine künstlerischen Leistungen in Form der Fähnchen und Wappen in der Öffentlichkeit darstellen zu können. Immerhin würden nicht nur Eltern und Verwandte, Freunde und Bekannte an der Feier teilnehmen, sondern auch der Bürgermeister von Klagenfurt und sogar der Landeshauptmann mit seiner Abordnung der Landesregierung und den Vertretern der politischen Parteien.

Punkt 11 Uhr war es dann soweit. Die Klassenlehrerin formierte die Schüler in Zweierreihen. Jeder war an diesem Tag mit dunklen Hosen und weißem Hemd gekommen. In diesem Alter verfügten nur wenige über einen Kärntneranzug. Jeder hatte ein selbstgezeichnetes Wappen stolz auf die Brust geheftet und wedelte in der rechten Hand mit einem ebenfalls selbst gezeichneten Papierfähnchen. Als die Schüler endlich im Schulhof anlangten, waren dort schon einige andere Klassen der Schule aufgestellt. Alle im gleichen Erscheinungsbild. Weiße Hemden oder Blusen, dunkle Hosen oder Röcke.

Die Ansprache der Politiker, auch die des Landeshauptmannes waren langweilig. Schließlich konnten sie nicht viel Neues erzählen. Fast alles wussten die Kinder bereits von der Rede ihres Direktors und dem Unterricht ihrer Klassenlehrerin. Aber trotzdem kam keinerlei Unruhe oder gar Geschwätz in den Reihen auf. Zu würdevoll war der Anlass, das empfand jeder Einzelne in den Reihen der Angetretenen.

Die Feier wurde von einer Musikkapelle begleitet. Gleich zu Beginn der Veranstaltung war diese mit den Klängen des Kärntner Liedermarsches in den Schulhof eingezogen und hatte neben dem Rednerpult Aufstellung genommen. Ein bisschen Abwechslung trat ein, als der ebenfalls anwesende Stadtpfarrer den gefallenen Helden des Abwehrkampfes gedachte, gemeinsam ein Gebet gesprochen wurde und die Musikkapelle *Ich hatte einen Kameraden* spielte.

Der Höhepunkt aber kam zum Schluss. Der Schuldirektor trat vor seine versammelten Schützlinge, ergriff den Taktstock und stimmte die Kärntner Landeshymne an. Endlich, jetzt konnten die Kinder zeigen, was sie gelernt hatten. Besser laut als richtig war die Devise, schließlich galt es auch, sich deutlich von der Musikbegleitung abzuheben. Was war das für ein Chor! Das Kärntner Heimatlied gemeinsam gesungen von allen versammelten Westschülern. Der Applaus der anwesenden Verwandten und Freunde wollte nicht enden und so mancher Besucher griff zu seinem Taschentuch.

Damit war dem hohen Feiertag aber noch lange nicht Genüge getan. Jetzt kam für die Kinder der gemütliche Teil, nachdem sie ihren Beitrag zum 10. Oktober abgeliefert hatten. Eine riesige Gulaschkanone des Österreichischen Bundesheeres wurde herbeigeführt, in der sich allerdings kein Gulasch befand, sondern Frankfurter in heißem Wasser. Dazu gab es Wengersenf[1] und jeder erhielt auch noch eine Kaisersemmel. Nach diesem Leckerbissen ging es nun gemeinsam in einer scheinbar endlosen Zweierreihe von der Westschule die Radetzky Straße entlang, vorbei am Künstlerhaus und am Stadttheater zum Neuen Platz.

Dort hatten sich mittlerweile die Teilnehmer des offiziellen Festumzuges formiert: Trachtenvereine, Brauchtumsorganisationen, Musikkapellen, jede Talschaft war mit einer Abordnung vertreten, aber auch die korporierten Schüler und Studenten mit ihren Chargierten fehlten nicht.

Es waren dies die schlagenden, pennalen und akademischen Burschenschaften, Corps und Landsmannschaften, aber auch katholische Verbindungen des MKV und CV waren angetreten. Den wichtigsten Teilnehmerkreis aber bildete die Gruppe der Abwehrkämpfer unter ihnen auch Hans Steinacher, der *„große Sohn Kärntens"*, als den ihn der Autor Siegmund Knaus in seinen Publikationen bezeichnete.

Dieser, aber auch andere ehrende Beinamen, wie „Führender Kämpfer um Kärntens Freiheit" verliehen dem an jenem Tag noch nicht einmal Siebzigjährigen außerordentlich hohe Beliebtheit und Ansehen in der Kärntner Bevölkerung. So war es nicht weiter verwunderlich, wenn es immer wieder zu „Hoch

Steinacher"-Rufen kam und auch Spruchbänder mit diesem Inhalt entrollt wurden, als sich der Umzug endlich in Bewegung setzte und seinen Weg durch die Innenstadt Klagenfurts nahm.

Die Straßen waren von abertausenden Kärntnern gesäumt, die selbst festlich gekleidet, dem Jubiläumstag und seinen Ehrengästen, den noch lebenden Helden vom Freiheitskampf ihre Referenz erwiesen.

Die Schüler der Westschule hatten ihren Platz in der ersten Reihe, am Rand der Umzugsstraßen zugewiesen bekommen. Zu ihnen gesellten sich auch zahlreiche Klassen anderer Kärntner Schulen, sodass die Blicke der Abwehrkämpfer, die sich entlang ihres Weges immer wieder winkend den Zuschauern zuwandten, stets zuerst das Spalier von Schulkindern erfassten, durch das sie bei ihrem Ehrenmarsch schritten.

Ein Umstand, der den ergrauten alten Männern ein freudiges Lächeln ins Gesicht schrieb. Welch besseren Beweis hätte es wohl dafür geben können, wie überlebenswichtig ihr Einsatz für die Zukunft ihres Heimatlandes Kärnten gewesen war. So erschien auch der Blutzoll, den die Abwehrkämpfer zur Erhaltung der Einheit ihres Kärntnerlandes leisten mussten, leichter verschmerzbar. Jeder einzelne vergossene Tropfen Blutes wurde vielfach aufgewogen durch die Hochachtung und die Tränen der Freude, die ihnen aus den Gesichtern der jubelnden Kärntner am Straßenrand entgegengebracht wurden.

Es hat sich viel getan in der Zwischenzeit. Nicht zum Besseren, vielmehr droht heute durch die Instinktlosigkeit einzelner Politiker aus dem Kärntner Landesfeiertag ein, wie es Fritz Schretter vom Kärntner Abwehr kämpfer Bund bezeichnete, *„multikultureller Jahr-markt"* zu werden, der außer dem Datum nicht mehr viel gemein hat mit der Würdigung jener Frauen und Männer, die in jenen Tagen für die Einheit Kärntens alles riskierten – ja, wofür viele auch ihr Blut und Leben hingaben.

2. Die Identitätsstiftung des Kärntner Freiheitskampfes[2]

Diese im vorherigen Kapitel erzählte (man darf ruhig sagen, etwas romantisierende) Schilderung der Begehung des Kärntner Landesfeiertages von anno dazumal ist heute leider nur mehr eine weit zurückliegende Erinnerung. Im Zuge der Jahre begann sich das Gedenken an diesen, die Kärntner Identität stiftenden Tag immer mehr zu verwässern. Er ist auf dem schlechtesten Weg von Jahr zu Jahr schleichend der Nichtbeachtung und schließlich dem Vergessen anheim zu fallen.

Nicht zuletzt ist es die sogenannte „Europäische Integration" die für die Aushöhlung der Bedeutung jener historischen Ereignisse in den Jahren 1918 bis 1920 mit verantwortlich sind. Die angesprochene Schilderung einer Feier des 40. Jahrestages der Volksabstimmung soll aber auch zeigen, welch bleibende Bedeutung den Methoden der Bildungsvermittlung gerade in der Schule zukommt.

Den Schülern hat sich jenes, nun schon 60 Jahre zurückliegende Ereignis bildhaft und vor allem auch inhaltlich unauslöschlich ins Gedächtnis geschrieben. Der Stellenwert, der damals dem Jahrestag unisono von allen Autoritäten, der Lehrerin, dem Direktor und auch dem Landeshauptmann zugemessen wurde, war prägend für die jungen Kärntner in der ersten Volksschulklasse und löste infolge ein gesundes Heimatbewusstsein aus. Ein Heimatempfinden, an dem sie die politischen Ereignisse der folgenden Jahre messen würden.

Mit gegensätzlichen Absichten handelnde Politiker versuchten in den letzten Jahren und Jahrzehnten genau diesen Effekt zu entkräften, wenn nicht gar ins Gegenteil umzukehren. Auf jeden Fall aber sollen, geht es nach dem vorherrschenden Zeitgeist der „political correctness", kommende Generationen in eine ganz andere Richtung ausgerichtet werden.

Heimat- und Nationalbewusstsein sind unerwünscht, denn sie stehen scheinbar der so oft beschworenen „Europäischen Einigung" im Wege. Diese, mit einer sich zunehmend vermischenden Bevölkerung aus möglichst vielen europäischen, aber auch außereuropäischen Nationen, soll schließlich in einem Europäischen Bundesstaat münden.

Der aus Brüssel zentralverwaltete Großstaat, in dem die einstigen Nationalstaaten in weiterer Folge nur mehr den Rang von heutigen Bundesländern einnehmen werden, soll dann nach dem Willen der heutigen Proponenten wohl auf globaler Ebene als Großmacht neben den USA, Russland und China im Kampf um die wichtigen wirtschaftlichen Ressourcen, aber auch um Einfluss und Macht auftreten.

Wichtig für das Funktionieren einer derartigen neuen Konstruktion ist eine Bevölkerung, die zwar wirtschaftlich „satt gestellt" ist, aber keinesfalls durch nationale oder heimatliche Bande „irritiert" werden soll. Der Freimaurer und Begründer der Pan-Europa Bewegung Richard Graf Coudenhove-Kalergi hatte bereits 1925, wie Wolfgang Dvorak Stocker in der „Neuen Ordnung" schreibt, eine Prognose für die künftige Bevölkerung des europäischen Kontinents abgegeben:

„Der Mensch der fernen Zukunft wird Mischling sein. Die heutigen Rassen und Kasten werden der zunehmenden Überwindung von Raum, Zeit und Vorurteil zum Opfer fallen. Die eurasisch-negroide Zukunftsrasse, äußerlich der altägyptischen ähnlich, wird die Vielfalt der Völker durch eine Vielfalt der Persönlichkeiten ersetzen".

Allein der EU, die ja nach ihrem Selbstverständnis eine vereinheitlichte Hegemonie im europäischen Siedlungsraum über Landesgrenzen, Tradition und kulturellen Eigenheiten hinaus zum Ziel hat, für das schwindende Heimat und Nationalbewusstsein verantwortlich zu machen, entspricht selbstverständlich nicht den tatsächlichen Gegebenheiten.

Da gibt es noch eine Reihe anderer Köche, die an dieser Giftbrühe rühren. Ohne auf die Vielzahl an Interessen an einem Einheitsstaat Europa an dieser Stelle näher eingehen zu können, sei hier nur an die weitgehend ideologiefreien Bemühungen des stattlichen Heeres an Lobbyisten in Brüssel verwiesen.

Genaue Zahlen sind nicht bekannt, Schätzungen belaufen sich auf rund 20.000, organisiert in rund 6.800 registrierten Lobby-Organisationen. Der verwendete Begriff „ideologiefrei" ist wohl nur im Sinne einer gesellschaftspolitischen Ideologie zu verstehen. Die Lobbys verfolgen natürlich auch eine Ideologie, nämlich die ihrer Auftraggeber und heißt schlicht und einfach: „Gewinnmaximierung". Es leuchte wohl ein, dass es viel einfacher ist, sich Rahmenbedingungen für seinen Absatzmarkt mit nur einer Stelle auszuhandeln, als an 27 verschiedenen Regierungsstandorten.

Während heutzutage alles darauf ausgerichtet ist, in den europäischen Staaten die nationalen Identitäten und Bindungen zu untergraben und abzubauen, mussten die Bestrebungen vor 100 Jahren freilich in die gegenteilige Richtung gehen. Der Weltkrieg war verloren, die Donaumonarchie zerfiel. Der Kaiser als Identitätsfigur für das Habsburgerreich war zurückgetreten und im Exil. Zurückgelassen blieben die Bürger des einstigen Vielvölkerstaates in einem Vakuum mit vagen Vorstellungen zu ihrer staatlichen Neuorganisation.

Dabei hatten es Tschechen, Kroaten oder auch Ungarn einfacher als die deutsche Volksgruppe der ehemaligen k.u.k. Monarchie. Alle anderen konnten sich, dem Schlagwort der Wilsonschen[3] Weltordnung vom Selbstbestimmungsrecht der Völker entsprechend, auf den Aufbau ihres Nationalstaates konzentrieren.

Was übrig blieb war „Restösterreich", dem nicht nur Kriegsschuld und Verliererstatus verblieben, sondern auch eine wenig verheißungsvolle Zukunft. Der weitaus größten Volksgruppe im Land entsprechend, nannte sich die neugegründete Republik auch „Deutsch-Österreich". Ganz selbstverständlich gingen Politiker wie auch der Großteil der Bevölkerung von der Überzeugung aus, dass es sich bei diesem Rumpfstaat nur um eine vorrübergehende Zwischenlösung handeln würde. Eine Vereinigung mit dem anderen, ebenfalls aus einer Monarchie hervorgegangenen deutschen

Nachfolgestaat galt eigentlich als logische Konsequenz dessen, wofür der amerikanische Präsident den Friedensnobelpreis bekommen hatte: dem Selbstbestimmungsrecht der Völker.

Wenn sich schon unter diesem Titel die einstigen Nationen des habsburgischen Vielvölkerstaates die Legitimation ableiteten, eigene neue Staaten zu gründen, musste es wohl auch der deutschen Bevölkerung zustehen, ihre künftige nationale Körperschaft selbständig gestalten zu können.

Mitnichten: Die Diktate von Versailles und Saint Germain waren darauf abgestimmt, eine neue starke Macht in Zentraleuropa ein für alle Mal zu verhindern. Das hätte man wohl von einem deutschen Staat, gebildet aus den Nachfolgern der Monarchien, die den Krieg verloren hatten, trotz aller Repressalien, die in den Friedensdiktaten schließlich eingebaut wurden, erwarten müssen.

Daher waren die österreichischen und auch deutschen Vertreter in St. Germain und Versailles gezwungen, Verträge ohne Verhandlungs- oder Einspruchsrecht zu unterzeichnen, die diese Möglichkeit einer Vereinigung in einem gemeinsamen Staat ausdrücklich untersagten. Auch die von der provisorischen Nationalversammlung gewählte und am 18. November ausgerufene „Republik Deutschösterreich" musste in „Republik Österreich" abgewandelt werden.

Es war den Österreichern also nicht einmal mehr das offizielle Bekenntnis zu einem Staat erlaubt, der das nationale, sprachliche und kulturelle Selbstverständnis und Erbe im Namen trug. Damit wurde den verbliebenen Österreichern die am stärksten identitätsstiftenden

Elemente genommen oder diese zumindest in ihrer Wirkung erheblich eingeschränkt. Zu diesen zweifelsfrei irritierenden Zwangsmaßnahmen kam auch noch der jüngst entstandene Zeitgeist mit dem Kampf der Stände und gesellschaftlichen Klassen. Die Revolution in Russland unter dem strategischen Konzept der Theorien von Marx und Engels hatte gezeigt, dass theoretische, kommunistische Systeme mit revolutionärem, blutigem Klassenkampf auch in die Praxis umgesetzt werden konnten. Diese stellten die übergeordnete internationale Solidarität des Proletariates über nationale Werte und bewegten zwangsläufig in Österreich zumindest theoretisch die revolutionären Geister.

Als mögliche Alternative, die wirtschaftliche Situation des Arbeiterstandes zu verbessern, versprach die in Aussicht genommene kommunistische Staatsform eine weitere Schwächung des traditionellen, auf Heimat und gemeinsamem kulturellen Selbstverständnis abgestimmten Bewusstseins der ohnehin bereits zutiefst erschütterten und verunsicherten Bevölkerung.

In Kärnten kam zu diesen Erschwernissen für die Selbstfindung einer neuen Staatsordnung und eines auf nationalen Werten ruhenden Heimatbewusstseins auch noch ein weiteres Hindernis hinzu. Der bereits am 8. Oktober 1918 entstandene SHS-Staat[4] der Südslawen erhob Anspruch auf den Südkärntner Raum, in dem auch nationalistische Slowenen und die eher deutschfreundlichen Windischen siedelten. Auch die südslawischen Eindringlinge beriefen sich auf die nationale Einheit, die sie mit dem Anschluss Südkärntens herstellen wollten und führten die gemeinsame slowenische Sprache ins Treffen. Mit der militärischen Besetzung sollten vor allem noch vor den Pariser

Verhandlungen vollendete Tatsachen geschaffen werden, die sich nach dem Wunsch der Südslawen in der von den Siegermächten festgelegten Grenzziehung niederschlagen sollten.

Was die Kärntner brauchten, die die Einheit ihres Landes erhalten wollten, war demzufolge mehr als die gemeinsame Sprache als Identitätsbegründung für das neue, deutschösterreichische Bundesland in den Grenzen des ehemaligen Kronlandes Herzogtum Kärnten.

Der Stimmung der Niedergeschlagenheit und Egalität gegenüber weiteren Gebietseinbußen, die sich zweifelsohne in breiten Teilen der kriegsmüden Bevölkerung breitzumachen drohte, konnte nur mit einem Paukenschlag entgegengewirkt werden. Das tat der vom Krieg heimgekehrte k.u.k. Oberleutnant Hans Steinacher, als er sich mit seinen Truppen am 14. Dezember 1918 den SHS-Truppen, die auf Klagenfurt zumarschierten bei Grafenstein entgegenstellte.

Den entsprechenden Beschluss der Selbstverteidigung hatte die provisorische Landesregierung unter dem als Landesverweser eingesetzten ehemaligen Reichratsabgeordneten Arthur Lemisch bereits am 5. Dezember 1918 gefällt.

Lemisch war Deutschnationaler. Er hatte in Klagenfurt das Gymnasium absolviert und war dort Mitglied der pennal conservativen Burschenschaft Tauriskia. Während seiner Studienzeit in Innsbruck und Graz war er Mitglied der Innsbrucker Akademischen Burschenschaft Suevia und der Grazer Akademischen Burschenschaft Stiria geworden[5].

Diese Entscheidung des Widerstandes gegen die südslawischen Invasoren verlangte von Artur Lemisch und der provisorischen Landesversammlung nicht nur Überzeugungskraft, um die eigenen kriegsmüden Landsleute für die gemeinsame Sache zu gewinnen, nein, es galt auch, sich als Kärntner gegen die eigene Bundesregierung in Wien zu stellen. Diese hatte einen Widerstand gegen die eindringenden Truppen des SHS-Staates untersagt, weil sie dringend benötigte Lebens-

mittellieferungen vom Balkan nicht gefährden wollte. Neben dem völkerrechtswidrigen Angriff der Jugoslawen von außen (es herrschte ja ein ausverhandelter Waffenstillstand), trug dieses augenscheinliche „Im Stiche lassen" Kärntens durch Wien einen wesentlichen Beitrag zur Entstehung eines neuen „Kärnten-Bewusstseins" bei.

Der Holzschnitt von Switbert Lobisser zeigt Arthur Lemisch als Paukant der B! Suevia Innsbruck.

Es wurde damit eine nicht unwesentliche Wurzel geschaffen, aus der die einzigartige Kärntner Identität spross. Ganz ähnlich etwa wie es beim Tiroler Freiheitskampf gegen Napoleons Truppen geschah. Damals, mehr als 100 Jahre zuvor, beklagten Andreas Hofer und seine Tiroler, vom Kaiser Franz im Stich gelassen worden zu sein. So wie damals in Tirol wurde mit dem Abwehrkampf ein selbstbewusstes „Nationalgefühl" der Kärntner entfacht, das bis heute weit über die normale Liebe zur Heimat hinausgeht. Mit dem militärischen Widerstand war aber auch das Augenmerk der Siegermächte auf Kärnten gerichtet, das gewillt war, sein Selbstbestimmungsrecht im Sinne der ursprünglichen Einheit wahrzunehmen.

Und genau das gelang. Die Amerikaner sahen sich veranlasst, auch bei den Kriegsverlierern ihre Philosophie von der Selbstbestimmung in irgendeiner Form zur Anwendung kommen zu lassen. Und das nachdem schon deutsche Siedler in Böhmen, Mähren, Schlesien nicht gefragt wurden, welchem Staat sie künftig angehören wollten; nachdem mit Südtirol als Kriegsbeute die Italiener, für ihren Seitenwechsel vom Dreibund zur Entente belohnt werden sollte; nachdem bereits mit der Abtrennung der ebenfalls widerrechtlich besetzten Südsteiermark an die Slowenen ganz klar dem faktischen Aggressor in die Karten gespielt wurde, konnte nun an dem vergleichsweise kleinen Südkärntner Raum gezeigt werden, wie die zur Weltmacht aufsteigende USA für „Gerechtigkeit" auch im Interesse von Verliererstaaten entscheiden kann.

Mit der Zustimmung zu einer Volksabstimmung in Kärnten vollzogen die Siegermächte, in erster Linie die USA, eine Placebo-Therapie, die einen, wenn auch verschwindend geringen Schein des völkerrechtlichen Anstandes zu wahren schien. Dies allerdings mit Einschränkungen.

Zum einen ließ man auch Kärnten nicht ganz ungeschoren. Das Mießtal mit Unterdrauburg und das Seeland wurden ohne Abstimmung abgetrennt und an Slowenien verschachert, das Kanaltal ging zusammen mit Südtirol als Kriegsbeute an Italien. Zum anderen hegte man bei den slawenfreundlichen Siegern wohl die Hoffnung, durch die Gestaltung der Umstände für die Volksabstimmung letzten Endes doch noch zu dem gewünschten Ergebnis einer Abtrennung zu kommen. Die Abstimmungszone A blieb auch während der Volksabstimmung und in der Phase der Vorbereitung, in der der „Wahlkampf" stattfand, unter SHS-Verwaltung.

Man führte nicht etwa eine Abstimmung nach der uns heute bekannten Methode mit Stimmzetteln, die bei den Abstimmungslokalen aufliegen, und auf welchen die Wähler mit Ankreuzen ihre gewünschte Wahl kundmachen können. Nein, bei der Kärntner Volksabstimmung gab es zwei Stimmzettel. Grüne für den Verbleib bei Österreich und weiße für den Anschluss an den südslawischen SHS-Staat. Beide mussten in das Kuvert gesteckt werden. Einen allerdings zerrissen für jenen Staat, den man nicht wollte.

Es ist leicht vorstellbar, wie schwierig es allein gewesen sein muss, diesen komplexen Vorgang den Kärntentreuen in dem von den Jugoslawen verwalteten Gebiet bekannt zu machen. Dazu kam das Problem die Anonymität bei der Stimmabgabe zu wahren. Man wusste ja nicht, was passieren würde, ginge die Abstimmung zugunsten von Jugoslawien aus. Aber wie bei allen Hürden und Schwierigkeiten, die einem in den Weg gelegt werden, war es auch in diesem Fall.

All die Risiken und Probleme, denen die heimattreuen Kärntner bei der Volksabstimmung ausgesetzt wurden, schweißten sie nur noch enger zusammen und schworen sie auf ihr Kärnten ein, das sie möglichst ungeteilt erhalten wollten.

So ist es nicht weiter verwunderlich, wie es in Folge zu dem positiven Ergebnis für Kärnten und Österreich kam. Es ist aber auch nicht weiter verwunderlich, dass damit das Identitätsbewusstsein der Kärntner gewachsen war, wie sonst in keinem anderen Bundesland nach Beendigung des ersten Weltkrieges. Das gilt natürlich in erster Linie für die „Abwehrkämpfer-Generation" und wohl auch für die nächsten beiden, welche noch von der mündlichen Überlieferung zehren konnten. Darauffolgende Generationen sind auf die Art und Weise angewiesen, wie sehr die Politik das Fortführen der Tradition begünstigt und pflegt.

Die Bedeutung der schulischen Ausbildung in dieser Hinsicht wurde bereits angesprochen. Genauso bedeutend sind aber die mittlerweile beinahe übermächtig gewordenen Informationsmedien.

3. Bedeutung der Frauen für Kärntens Einheit

Viel wird in der heutigen Zeit über die Benachteiligung von Frauen gesprochen, zumindest in unserer Arbeitswelt, wo es grobe Ungerechtigkeiten in der Entlohnung geben soll. Aber auch im öffentlichen Ansehen und in der Rollenbewertung gibt es erhebliche Defizite, ebenso in der sozialrechtlichen Stellung.

Die wertvolle Leistung, die Frauen als Hausfrauen erbringen, die mit ihrer Arbeit Familien zusammenhalten, Kinder großziehen und damit letzten Endes für ein funktionierendes Staatswesen mit der Generationen übergreifenden sozialen Solidarität sorgen, findet nach wie vor nicht die gebührende Anerkennung seitens der staatlichen Gemeinschaft. Im Gegenteil, dem Zeitgeist entsprechend, wird den sogenannten „Powerfrauen" gehuldigt, die ihre Aufgabe darin sehen, in der Berufswelt möglichst weit hinauf in einflussreiche Positionen zu kommen. Damit wird aber die auch für den Staat wesentlich wertvollere Aufgabe der Frauen als Hausfrau und als Mutter weiter abgewertet. Auch die Rolle der Frauen in der Geschichte findet nur kaum den zutreffend hohen Stellwert in der Darstellung der historischen Ereignisse. Selbst die ganz wenigen Ausnahmen werden nicht in dem Licht bestrahlt, das man ihnen eigentlich zubilligen müsste.

Frauen, wenn sie überhaupt in Geschichte und Literatur Erwähnung finden, sind wenn, dann meist die Ursache von Unglück oder Unruhe. „Cherchez la femme" ist ein ins Deutsche übernommener, wahrscheinlich von Alexander Dumas stammender Ausspruch, der Kriminalisten nahelegt, sich in ihren Ermittlungen auf eine oder mehrere Frauen zu konzentrieren, die direkt oder indirekt hinter dem untersuchten Unglück oder Verbrechen stehen könnten.

Oder denken wir etwa an Kassandra, die Tochter des Königs von Troja, Priamos. Sie wird als Verrückte dargestellt, als Seherin zwar, aber eine der man zu Recht nicht glaubt, weil sie eben nicht ganz bei Sinnen zu sein scheint. Was wäre allerdings aus der antiken Welt geworden, hätten die Trojaner ihr geglaubt, als sie vor dem Danaer-Geschenk des Holzpferdes warnte. Auch wenn in der Mythologie des Homer Gott Apollon dahinterstand, zeigt es doch die Geisteshaltung der Zeit zum weiblichen Geschlecht, die hier zum Ausdruck kommt.

Bleiben wir bei Homers Trojanischem Krieg. Er zeigt uns auch die zweite Klischee-Darstellung von Frauen, als die des ursächlichen Übels. Helena ist zwar traumhaft schön, aber auch die Auslöserin des Krieges. Dabei gibt Homer durchaus zu, dass sie eigentlich gar nichts dafür kann, dass sich Griechen und Trojaner in die Haare kriegen. Sie ist mit Paris ja nicht freiwillig mitgegangen, sondern wurde von ihm entführt, ja sogar geraubt, wie Homer schreibt. In der Geschichte steht sie aber für den Frauentypus der „femme fatal". Jene unübersehbaren Gestalten, deretwegen Männer bereit sind, sich selbst schwerer Vergehen schuldig zu machen.

Und auch den dritten Typus Frau finden wir in der Illias, der es schaffte Einzug in die Geschichte zu finden – diesmal aufgrund einer schlechten Eigenschaft: Jenen Typus der gekränkten und nachtragenden Rächerin. Hera und Athene sind bekanntlich bei der „Apfel-Wahl" des zum Schönheitsjuror berufenen trojanischen Königssohns Paris durch den Rost gefallen. Das hatte vor allem Pallas Athene veranlasst, die Griechen mit ihrem Günstling Achill gegen die Trojaner aufzuhetzen. Ein Rachefeldzug, der auch zahlreichen Unbeteiligten zum Verhängnis wurde.

Solche Frauen schaffen es also in Ausnahmefällen in die Überlieferung und in die Geschichtsschreibung. Das sehr oft im Hintergrund stattfindende Wirken zum Wohl der Familie oder gar des Volkes fällt aber zumeist dem Vergessen anheim.

In der Darstellung des Kärntner Freiheitskampfes ist es zumindest vordergründig nicht viel anders. Wer bei oberflächlicher Betrachtung übrig bleibt, sind die drei Männer Arthur Lemisch (Reichsverweser), Ludwig

Hülgerth (Landesbefehlshaber)[6] und Hans Steinacher (Kommandeur der kämpfenden Truppen)[7].

Auch in der Literatur zum Kärntner Freiheitskampf wird den Frauen nicht allzu viel Platz eingeräumt. Sieht man allerdings genauer hin, fällt doch das eine und andere auf, das die Bedeutung der Kärntnerinnen für den Erhalt der Einheit Kärntens in ein wesentlich helleres Licht rückt.

In den graphischen Darstellungen der Kärntner Volksabstimmung tauchen Frauen immer wieder auf. Auch

wenn die wohl bekannteste bildliche Überlieferung, die legendäre Zeichnung des Abstimmungsbauern, nur einen Mann zeigt, zeigen andere zeitgenössische Dokumente immer wieder die Kärntner Frauen und Mütter, die wie ihre Männer am 10. Oktober zur Urne schritten und ihre Stimme abgaben.

Der Abstimmungsbauer.
Die am häufigsten verwendete Darstellung zur Abstimmung.

Das ist für diese Zeit recht ungewöhnlich, schließlich war es mit dem Wahlrecht für Frauen in Österreich im Jahr 1920 noch nicht allzu weit her. Erst mit dem Zusammenbruch der Donaumonarchie erlangten die österreichischen Frauen auch an der Wahlurne Gleichberechtigung.

24

Die provisorische Nationalversammlung des gerade erst aus dem Ei geschlüpften Staates Deutsch-Österreich hatte am 12. November 1918 in einer ihrer ersten Handlungen die vollkommene Gleichstellung von Mann und Frau auch bei Wahlen beschlossen und sowohl das aktive als auch das passive Wahlrecht unabhängig vom Geschlecht eingerichtet. Am 16. Februar 1919 gingen bei der Wahl zur konstituierenden Nationalversammlung die Frauen zum ersten Mal zur Urne und bei der Volksabstimmung am 10. Oktober 1920 kam es dann zur zweiten wichtigen Wahl mit weiblicher Beteiligung in Österreich.

Bereits im Vorfeld der Abstimmung – heute würde man sagen in der Zeit des Wahlkampfes – war die wichtige Rolle der Frauen augenscheinlich. Stellvertretend für mehrere Plakate, die die Frau ins Zentrum stellten, sei hier auf zwei Druckwerke verwiesen. Eines, das sich sowohl in Deutsch als auch in slowenischer Sprache an die Mütter richtet, schreibt:

„Mutter stimme nicht für Jugoslawien, sonst muss ich für König Peter in den Krieg ziehen“.

Das Bild verzichtet völlig auf die Darstellung des Mannes beziehungsweise Vaters. Damit wird nicht nur die Rolle der Frau in ihrer Bedeutung hervorgehoben, sondern sollte wohl auch jene beklagenswerten Mütter bewegen, deren Männer im Krieg ihr Leben lassen mussten. Angesprochen wird genau dieses Leid auch mit dem Hinweis, dass ein ähnliches Schicksal ihrem Sohn bei einem Anschluss an das Königreich der Serben, Kroaten und Slowenen beschieden sein könnte.

Das zweite Bild (rechts) zeigt gar die Verweiblichung des Abwehrkampfes. Kärnten selbst wird von einer weißen Frauenfigur dargestellt, die dunkle Gestalten – gemeint sind SHS-Soldaten – besiegt.

Österreichisches Werbeplakat (in deutscher und slowenischer Sprache), das sich gezielt an Frauen und Mütter richtet.

Diese und ähnliche Appelle dürften letzten Endes auch zum Ziel geführt haben. Es gab 1920 noch keine Wahlanalysen, die uns auf zehntel Prozent genau sagen könnten, wie sich das Wahlergebnis hinsichtlich der Geschlechter darstellte[8] – als jedoch am 13. Oktober spätabends das österreichische Mitglied der Prüfungskommission Albert Peter-Pirkham[9] vor dem Maria Theresia Denkmal am Neuen Platz in Klagenfurt das Abstimmungsergebnis mit 59 Prozent für Österreich verkündete, war es klar, was wir den Kärntnerinnen zu verdanken hatten.

Wir können schon allein aufgrund der Zusammensetzung der Wähler davon ausgehen, dass die Kärntner Frauen die Abstimmung für Kärnten und Österreich entschieden haben. Ihr Anteil an den Wahlberechtigten war erheblich höher als jener der Männer. Aufgrund des Blutzolls, den auch die Soldaten Kärntens leisten mussten, hatte sich das Verhältnis von Männern zu

„Kärnten frei!"
Die weiße Frau als Allegorie für Kärnten vertreibt die
SHS-Soldaten.

Frauen auf 46 zu 54 verschoben. Dieser letzten Endes
wichtigste Beitrag der Kärntnerinnen bei der Abstimmung, war aber nicht die einzige bedeutende Leistung,
die die Frauen im Kärntner Freiheitskampf leisteten. Sie legten mit ihrem unerschrockenen Einsatz in
der Vorbereitung der Abstimmung den notwendigen
Grundstein für das positive Ergebnis.

Man muss sich dabei die für heutige Verhältnisse un-
verständlich schwierigen Umstände des Abstimmungs-
vorganges vorstellen. Es gab für die Stimmabgabe 97
Wahllokale in der Abstimmungszone A. Allerdings
war es mit den amtlichen Stimmzetteln nicht so, wie
wir es von heutigen Wahlen gewohnt sind. Jeder hatte
zwei Stimmzettel. Die für Österreich waren grün, jene
für Jugoslawien weiß. Beide führten in deutscher und
slowenischer Sprache den Namen des Landes für das
sie abgegeben wurden.

Eine gültige Stimmabgabe war aber nur dann gegeben, wenn man seine Wahl in doppelter Hinsicht zum Ausdruck brachte. Der Stimmzettel für das erwählte Land wurde unversehrt in das Kuvert gesteckt, der andere musste zerrissen und ebenfalls in das Kuvert gesteckt werden. Voraussetzung dafür, seine Stimme gültig abgeben zu können, war es daher, die genaue Vorgangsweise zu kennen.

Die Schwierigkeit der Werbung im Vorfeld der Wahlen bestand damit nicht nur in der Mobilisierung der Befürworter für einen Verbleib bei Österreich, sondern auch in der Aufklärung über die Abläufe. Das klingt aus heutiger Sicht nicht allzu schwierig, damals allerdings war es eine Herkulesaufgabe.

Man darf nicht vergessen, dass die gesamte Abstimmungszone A im Vorfeld der alles entscheidenden Volksabstimmung nicht etwa von den Siegermächten oder gar neutralen Drittländern verwaltet wurde. Die volle Kontrolle über das Gebiet hatten die Truppen des SHS-Staats. Und sie nutzten ihre Macht auch bis zum Exzess aus. Nicht zuletzt durch die Schaffung einer undurchdringbaren, schwerbewachten Abgrenzung, der Demarkationslinie.

Wie wir aus Zeitzeugenberichten wissen, kam es zu massiven Übergriffen auf Familien, die als „österreichfreundlich" galten. Subtil war das Spiel mit der Existenzangst der Bewohner. Händler und Kaufleute wurden abgesiedelt und durch solche aus Laibach ersetzt. Damit sollte auf hintergründige Art ein möglicher Versorgungs- und Lebensmittelnotstand angekündigt werden, sollte das Land künftig nicht vom jugoslawischen Staat verwaltet werden. Es sollte der Eindruck entstehen, dass die Lebensmittelversorgung nur aus dem Süden gewährleistet wäre.

Tatsächlich wird in der Literatur über die zögerliche und später auch ablehnende Haltung der Wiener Bundesregierung immer wieder angeführt, diese wäre der Angst entsprungen, dass damit notwendige Lebensmittellieferungen gefährdet gewesen seien. Dazu kamen Einschüchterungen, Aussiedelungen und Verschleppungen. Betroffen davon waren vor allem deutsche und windische Lehrer, aber auch Beamte und Gemeindevertreter. Personen, die der Angstmache und Fehlinformation der jugoslawischen Propaganda glaubhaft hätten widersprechen können, waren am gefährdetsten. Sie wurden durch Slowenen ersetzt.

Hans Steinacher schreibt dazu: *„Ein Heer von slowenischen Beamten und Lehrern und Gendarmen ergoß sich in das Land. Südslawische Händler und Gewerbetreibende kamen ins Land, erhielten Konzessionen und erheblichen Einfluß auf Gemeindeverwaltungen. Die österreichischgesinnte Bevölkerung befand sich im Zustande völliger Rechtlosigkeit…in der Öffentlichkeit deutsch zu sprechen war gefährlich. Verhaftung und Ausweisung drohten. Um der Bevölkerung jede Hoffnung auf eine bessere Zukunft zu nehmen, verbreitete die slowenische Presse, daß eine Volksabstimmung gar nicht zugelassen werde. Sollte sie dennoch stattfinden, so wird Jugoslawien ein negatives Ergebnis nicht zur Kenntnis nehmen und jene ausweisen, die für Österreich gestimmt hätten.“*

Um auch nur im Entferntesten eine Chance zu haben, bei der Volksabstimmung nicht sang- und klanglos unterzugehen, mussten die heimattreuen Kärntner außerhalb und auch innerhalb der Abstimmungszone Mittel und Wege finden, der slowenischen Propaganda annähernd gleichwertiges entgegenzusetzen. Die Umstände waren also äußerst schwierig und die Zeit war lang, in der die Bevölkerung der Abstimmungszone A den Repressalien ihrer südslawischen Besetzer und nun auch legitimen Verwalter[10] ausgesetzt war.

Vom verbrieften Beschluss der Entende, die Volksabstimmung durchzuführen bis zu dieser selbst war immerhin eine Frist von einem Jahr, zwei Monaten und zwanzig Tagen zu überwinden. In dieser Zeit war das

Gedenkstein mitten in Velden, wo die Demarkationslinie verlief.

Gebiet von den SHS-Truppen mit Drahtverhauen und militärischen Posten von Restkärnten abgetrennt. Die Posten hatten Schießbefehl und machten von diesem auch Gebrauch, was zu zahlreichen Verletzten und drei Todesopfern führte. Die Demarkationslinie lief durch Gemeinden und Ortschaften. So auch mitten durch Velden am Wörthersee. Ein Gedenkstein erinnert noch heute daran.

Wie sollte nun die Bevölkerung mit Aufklärungsmaterial versorgt werden? Wie sollten zweifelnde, von den Jugoslawen eingeschüchterte Bewohner für die österreichische Sache zurückgewonnen werden? Wie, letzten Endes, sollten die österreichfreundlichen Südkärntner mit dem komplizierten Abstimmungsmodus vertraut gemacht werden? Zu verlockend war es für diese wohl, nur den grünen Stimmzettel ins Abstimmungskuvert zu stecken und den weißen einfach wegzuwerfen. Kurz: es gab viel zu tun für die österreichischen Parteigänger, vieles auch, was nur von außerhalb erledigt werden konnte. So das Produzieren von Flugblättern und Aufklärungsschriften, die dann in die Zone gebracht werden mussten. Das war angesichts der scharf bewachten Demarkationslinie ein äußerst gefährliches Unterfangen. Und für dieses wurden sehr oft Frauen eingesetzt, weil sie prinzipiell als „unverdächtiger" galten.

Gebrauchsanleitung
für die Stimmabgabe.

Sie lenkten Fuhrwerke mit vermeintlichen Lebensmittellieferungen, die aber im doppelten Boden Flugschriften mitführten, oder sie machten Hausbesuche bei potentiell österreichfreundlichen Familien[11], da ihnen rein nachbarschaftliche Besuche ohne Propagandaabsicht eher abgenommen wurden. Schließlich bedurfte es den von den Besatzern auszustellenden Passierscheinen, um die Demarkationslinie überschreiten zu können. Aber auch wenn dies geschafft wurde, war der Besuch der einzelnen Familien nicht ungefährlich.

Die Jugoslawen hatten nämlich, um gerade solche Kontakte zu vermeiden, in diesen „verdächtigen Häusern" oft „Vertrauensleute" einquartiert. Viele dieser Heldinnen wurden enttarnt und mussten für ihren Wagemut bezahlen. Und das Informations- und

Ausschnitt aus dem Lobisserfresco
im Sitzungssaal des Kärntner Landtages.

Werbematerial war, der Wichtigkeit der Volksabstimmung angemessen, äußerst umfangreich, für damalige Verhältnisse eigentlich gigantisch. Fräß-Ehrfeld listet die Werbeträger auf:

„Der Kärntner Heimatdienst druckte bis zum 10. Oktober 22 Broschüren, 105 verschiedene Flugblätter, 50 diverse Klebezettel und 13 Sorten von Werbeplakaten. Die Flugblätter hatten Auflagen von 30.000 Stück, einige sogar bis 250.000, die Klebezettel bis zu 60.000 Stück. Vom absolut auflagenstärksten Flugblatt wurden über 600.000 Stück gedruckt."

Dieses wurde knapp vor dem Abstimmungstag produziert und zeigt die Gebrauchsanleitung für die Abstimmung. Für die kreative Arbeit, wie Inhalt und graphische Gestaltung war im Kärntner Heimatdienst der heute als Kärntner Heimatdichter bekannte Josef Friedrich Perkonig[12] zuständig. Diese Vielzahl an Werbemittel musste teils unter abenteuerlichen Umständen und größter Gefahr an die Adressaten in der

Abstimmungszone gebracht werden. Eine Last, die zu einem Gutteil auf den Schultern der Frauen ruhte. Damit ist wohl klar, dass ein großer Teil des Verdienstes am Erfolg des 10. Oktobers den Frauen zuzuschreiben ist, ohne deren aktiven Einsatz es wahrscheinlich heute kein ungeteiltes Kärnten geben würde.

Die Kärntner waren sich damals dieses Umstands durchaus bewusst. Bezeichnenderweise ist es am berühmten Fresko der Volksabstimmung im großen Sitzungssaal des Kärntner Landtages von Switbert Lobisser[13] aus dem Jahr 1928 eine Frau, die den grünen Stimmzettel in der Hand hält. Und auch auf vielen der in der Zwischenkriegszeit sehr beliebten Darstellungen von Abstimmungsszenen auf Postkarten sind es immer wieder Frauen, die im Mittelpunkt stehen.

Die augenscheinlichste Würdigung aber erfuhren die Kärntner Frauen für ihren Anteil am Kärntner Freiheitskampf 1930. In der von der Kärntner Landsmannschaft ausgewählten und von der Kärntner Landesregierung unter Arthur Lemisch genehmigten vierten Strophe des Kärntner Heimatliedes heißt es in der ersten Zeile: *„Wo Mannesmut und Frauentreu´die Heimat sich erstritt aufs neu´ "*. Damit wurde ganz eindeutig und für diese Zeit recht ungewöhnlich, der Erfolg für Kärnten im gleichen Ausmaß den Frauen zugewiesen, wie den mit der Waffe kämpfenden Männern.

Auch die Tatsache, dass aus den über einhundertdreißig Einsendungen gerade der Text einer Frau, nämlich jener der Lehrerin Agnes Millonig, ausgewählt worden war, spricht für die hohe Wertschätzung, welche die Kärntner ihren Frauen gerade und besonders in der Frage der Volksabstimmung damals entgegengebrachten. Eine Wertschätzung, das kann man heute mit Fug und Recht behaupten, die zweifelsfrei ihre historische Berechtigung hat.

4. Die Macht der Symbole

Der Wolfsberger Eisenhändler Johann Offner war bekannt für die Gesellschaften, die er gab. Mit dem nahe gelegenen Schloss Waldenstein, das er 1805 erworben hatte, verfügte er auch über repräsentative Räume für den Empfang und die Unterhaltung seiner Gäste. Für diesen Tag im Jänner des Jahres 1835 hatte er sich etwas ganz Besonderes einfallen lassen. Er plante nun, da er dreißig Jahre lang stolzer Schlossherr war, eine Uraufführung. Zu diesem Zweck hatte er einen bei Wolfsberg ansässigen Komponisten beauftragt, in der Bibliothek des Schlosses nach einem geeigneten dichterischen Werk zu suchen, das er zur Vorführung bei der 30-Jahr-Feier vertonen sollte.

Josef Ritter Rainer von Harbach, so hieß der Komponist, war aus Wien gebürtig ins Lavanttal gezogen, heiratete dort die Wolfsbergerin Maria Hackhofer und lebte mit ihr auf Gut Groß Reideben.

Im Archiv des Schlosses Waldenstein wurde er fündig. In der 44. Ausgabe der Zeitschrift *Carinthia*[14] aus dem Jahre 1822 war eine Dichtung des Kärntner Poeten Johann Nepomuk Thaurer Ritter von Gallenstein veröffentlicht. Ein bekannter Name im Lavanttal, schließlich war Gallenstein nicht nur Verwalter in den nahegelegenen Herrschaften Wiesenau und Payerbach, sondern als studierter Jurist auch Advokat und Rechtsberater am Gericht in Wolfsberg[15]. Vom gleichen Stand

Schloss Waldenstein im Lavanttal auf einer historischen
Ansichtskarte von 1905 (Detailansicht).

und in enger Nachbarschaft lebend, dürften sich Autor
und Komponist wohl persönlich gekannt haben, auch
wenn Harbach um 25 Jahre jünger war als Gallenstein.

Die von Harbach ausgesuchte vierstrophige Dichtung
Des Kärntners Vaterland beschreibt in den ersten drei
Strophen das Kronland Kärnten von West nach Ost mit
seinen herausragenden topographischen Merkmalen.

In seiner vierten Strophe huldigt das Gedicht, wohl
im vorauseilenden Gehorsam dem Herrscherhaus
gegenüber und um dem Metternichschen Überwa-
chungsstaate Genüge zu tun, dem österreichischen
Kaiser Franz I.:

Da, wo Tirol an Salzburg grenzt,
des Glockners Eisgefilde glänzt;
wo aus dem Kranz, der es umschließt
der Leiter reine Quelle fließt,
laut tosend, längs der Berge Rand,
beginnt mein teures Vaterland.

Wo durch der Matten herrlich Grün
des Draustroms rasche Fluten zieh'n;
vom Eisenhut, wo schneebedeckt
sich Nordgaus Alpenkette streckt,
bis zur Karawanken Felsenwand
dehnt sich mein freundlich Vaterland.

Wo von der Alpenluft umweht
Pomonens schönster Tempel steht,
wo sich durch Ufer, reich umblüht,
der Lavant Welle rauschend zieht,
im grünen Kleid ein Silberband
schließt sich mein liebes Vaterland.

Und breitet über Öst'reichs Haus
Der Kaiseraar die Schwingen aus -
Dann auch, von Feinden ungeneckt,
Sein Flügelpaar Karenta deckt;
Und segnend strecket Franzens Hand
Sich über dich, mein Vaterland!

Lange konnte sich der Monarch, der als Franz II. 1806 die Krone des Deutschen Reiches niedergelegt und diesem damit offiziell das Ende bereitet hatte, allerdings nicht an dem Lobgesang seiner Kärntner Untertanen erfreuen – er starb nur wenige Tage nach der Uraufführung des Liedes am 2. März 1835.

Dem Erfolg des Liedes tat dies aber keinem Abbruch. Nach seiner Uraufführung in Wolfsberg verbreitete es sich sehr schnell unter dem Titel *„Da wo Tirol an Salzburg grenzt"* im gesamten Kärntner Kronland, der ersten Zeile von Gallensteins Dichtung also. Es sollte allerdings mehr als ein dreiviertel Jahrhundert dauern, bis es „offiziell" wurde.

Erst im Frühjahr 1911 beschloss die Kärntner Landsmannschaft[16], das Lied neu zu instrumentieren und zur Kärntner-Hymne zu erheben. Textlich wurden kleinere Änderungen vorgenommen, aus „Da wo" in der ersten Zeile wurde „Dort wo" und aus dem „Kärntner Vaterland" wurde das „Kärntner Heimatland".

Es sollte damit die übergeordnete staatliche Autorität nicht in Frage gestellt werden, wie spitzfindige Geister möglicherweise interpretiert hätten, würde Kärnten als „Vaterland" in seiner Hymne gepriesen werden. Die vierte Strophe wurde gänzlich weggelassen, obwohl aus dem ursprünglichen „Kaiser Franz" in der damals aktuellen Version der seit 1848 regierende „Franz Josef" geworden war.

Die zweite „Uraufführung" des Liedes von Gallenstein/Harbach erfolgte dann beim Kärntner Trachtenfestzug anlässlich der Handwerkerausstellung im August 1911 in Klagenfurt. Bei dieser Veranstaltung wurde ein zweites Kärntner Symbol vorgestellt: der Kärntner

Trachtenanzug, genannt das „Kärntner Gwand". Der Entwurf dafür stammte vom akademischen Maler Leopold Resch aus Villach nach Vorbildern aus dem Kanal- und Gailtal.

Die Kärntner Landsmannschaft, die sich auch im Abwehrkampf und in der Vorbereitung der Volksabstimmung verdient gemacht hatte, sorgte schließlich für die bis heute gültige Fassung des Kärntner Heimatliedes.

Landeshauptmann Dr. Arthur Lemisch, der legendäre Landesverweser zur Zeit des Abwehrkampfes und der Volksabstimmung, beauftragte mit Schreiben vom 18. April 1930 die Kärntner Landsmannschaft für die Feier zum 10-jährigen Jubiläum der Volksabstimmung eine neue vierte Strophe für eine offizielle Landeshymne vorzuschlagen, die dann dem Landtag zur Genehmigung vorgelegt werden sollte. Die Vorgabe war dabei, Abwehrkampf und Volksabstimmung, die nunmehr einen historischen Meilenstein für Kärnten darstellten, in die Hymne einzubauen:

„Die Vorbedingung für die erwähnte Antragstellung der Landesregierung wäre die Schaffung einer völlig neuen vierten Strophe, die mit der Abstimmungszeit in unmittelbarer Beziehung stünde. Die Kärntner Landsmannschaft erscheint nun der Landesregierung als die geeignete Stelle, von wo aus der Dichtung einer solchen vierten Strophe propagiert werden könnte."

Natürlich übernahm die Kärntner Landsmannschaft unter ihrem damaligen Obmann Dr. Hans Suppan diese Aufgabe und schrieb einen entsprechenden Wettbewerb aus. Aus 232 Einsendungen wählte die Jury den Vorschlag der Lehrerin Agnes Millonig.

Sie hatte es verstanden, nicht nur die Anforderungen zu erfüllen, sondern auch die tief verwurzelte Empfindungen der Kärntner in dieser krisengeschüttelten Zeit zu treffen. Nur allzu stark war noch der Verlust des Krieges, der Zusammenbruch des angestammten monarchistischen Großreichs und die Schrumpfung zu einem vielfach als „nicht lebensfähig" empfundenen Kleinstaat in Geist und vor allem im Herzen der Kärntner verankert. Die wirtschaftliche Not für breite Teile der Bevölkerung und bürgerkriegsähnliche Zustände in der Republik bewirkten ihr übriges.

Da taten Worte gut, die von Mut, Treue, Freiheit und militärischem Erfolg kündeten. Mit der Abänderung, dass aus dem „deutschen Heimatland" ein „herrlich Heimatland" in der letzten Zeile gemacht wurde, bestätigte auch das Amt der Kärntner Landesregierung diese neue vierte Strophe:

„Die Kärntner Landesregierung hat in ihrer Sitzung vom 17. September 1930 die von der Kärntner Landsmannschaft erworbene und vorgeschlagene nachstehende dritte (!) Strophe:

Wo Mannesmut und Frauentreu´

Die Heimat sich erstritt auf´s neu,

Wo man mit Blut die Grenze schrieb

Und frei in Not und Tod verblieb,

Helljubelnd klingt´s zur Bergeswand:

„Das ist mein herrlich Heimatland."

Als Zusatzstrophe zum Kärntner Heimatlied (Worte von J. von Gallenstein, vertont von J. von Rainer Harbach) genehmigt."

Auch wenn fälschlicherweise in dem Genehmigungsschreiben die neue Strophe als dritte und nicht vierte bezeichnet wurde, konnten die Kärntner nun bei den Feiern zum 10. Oktober ihre neue Hymne singen. Was allerdings nicht erfolgt ist, war die rechtsgültige Genehmigung und dadurch Gesetzwerdung durch den Kärntner Landtag.

Von diesem Glockenturm des Saarbrückner Rathauses ertönte vor der Saarabstimmung zweimal täglich das Kärntner Heimatlied.

Die Symbolträchtigkeit für die Volksabstimmung der Kärntner Hymne fand auch im Ausland Anerkennung und Beachtung. Im Saarland erfolgte am 13. Jänner 1935 ebenfalls eine Volksabstimmung. Die Bewohner sollten entscheiden, welcher Verwaltung sie künftig zugeordnet werden sollten. Im Vorfeld der Abstimmung[17] ließ die Stadtverwaltung von Saarbrücken vom Glockenspiel ihres Rathauses täglich zweimal das Kärntner Heimatlied erklingen.

Der Kärntner Beitrag zur Saarabstimmung dürfte geholfen haben. Bei einer Wahlbeteiligung von 97,99 Prozent stimmten 90,73 für eine Eingliederung ins Deutsche Reich. Dieses musste allerdings die stolze Summe von 900 Millionen Goldfranken für den Rückkauf der nach dem Krieg als Kriegsbeute den Franzosen zugeschobenen Kohlengruben bezahlen. Trotz dieses auch „außenpolitischen Erfolges" der Kärntenhymne sollte es bis zur gesetzlichen Verankerung noch einige Zeit dauern. Aus welchen Gründen auch immer.

Ausgerechnet unter dem als „slowenenfreundlich" geltenden Landeshauptmann Hans Sima von der SPÖ kam es am 29. Juni 1966 zur Verabschiedung des Gesetzes, das das Heimatlied zu einem offiziellen Landessymbol machte. Und zwar mit allen seinen vier Strophen. Gesungen wurde meist nur die erste und die vierte Strophe. Und das nicht nur von den Heimatverbänden und Traditionsvereinen am 10. Oktober, sondern auch bei allen offiziellen Veranstaltungen des Landes.

Das sollte nicht immer so bleiben. Während das Kärntner Heimatlied sich gerade im Zuge des Ortstafelsturms und in der Zeit danach unter Landeshauptmann Wagner (SPÖ) besonderer Beliebtheit erfreute und die Pflege von Tradition und Brauchtum dann in den Regierungszeiten Jörg Haiders (FPÖ) ihre Blüte erlebte, kam es 2013, als die Sozialdemokraten mit Peter Kaiser wieder einen ihrer Parteigänger auf den Sessel des Landeshauptmannes brachten, zum Eklat.

Peter Kaiser, der zuerst als Landesbeamter und Parteifunktionär und dann auch lange Jahre als Mandatar im Landtag sich in dem traditionell roten Bundesland ständig einem andersfarbigen (schwarzen, blauen, und orangen) Landeshauptmann gegenübersah, wollte alles anders machen.

Und dies tat er auch. Bei seiner ersten Feier des 10.Oktober durfte die vierte Strophe der Landeshymne nicht mehr gesungen werden. Kaiser hatte allerdings die Rechnung ohne den Wirt gemacht. Die Kärntner ließen sich ihre vierte Strophe, die das hohe Gut des Andenkens an Abwehrkampf und Volksabstimmung zum Gegenstand hat, nicht nehmen. Ein Entrüstungssturm, der durch ganz Kärnten ging und das vehemente Auftreten der Heimatverbände, mit dem Abwehrkämpferbund und Kärntner Heimatdienst an der Spitze, rückte die Symbole wieder zurecht. Ein Jahr später, am 10. Oktober 2014, kam die Kärntner Hymne wieder in vollem Umfang zur Intonierung.

Eine weitere, fünfte Strophe gibt es, wenn auch nicht offiziell, von und für die Auslandskärntner. Gemeint sind damit alle jene Kärntner und Kärntnerinnen, die ihr Bundesland verlassen haben und nun ihr Kärntnertum außerhalb der Landesgrenzen pflegen. Und auch derer gibt es eine beachtliche Zahl. Allein in Wien sollen 80.000 leben, was Wien zur zweitgrößten Kärntner Stadt macht!

Der Wunsch dieser Exilkärntner ist es, diese Strophe in Ergänzung zur Landeshymne offiziell als fünfte Strophe aufzunehmen[18]:

In Österreich viele Kärntner sind.

Ein Band zur Heimat sie verbind.

Wo Tradition und Liebe lebt.

Ein Kärntner Herz in der Brust bebt.

|:Zur Heimat wir uns stets erklärn,

sind wir ihr oftmals auch recht fern. :|

5. Der Grundstein des Jahrhundertstreits

„Jugoslawien wollte sich 1945 das nehmen, was es 1920 nicht bekommen sollte", wird der angesehene Historiker Stefan Karner in der Wiener Zeitung vom 6. Oktober 2010 zitiert. Tatsächlich war es so, dass es gegen Ende des Zweiten Weltkrieges ein Wettrennen um die Besetzung von Klagenfurt gab. Im Sog der Russen – Stalin hatte Tito entsprechende Unterstützung zugesagt – eilten die partisanenverbände Richtung Klagenfurt.

Sie erreichten die Kärntner Landeshauptstadt am 7. Mai 1945, kamen aber ganze drei Stunden zu spät. Die Briten hatten Klagenfurt bereits kampflos eingenommen und waren auch nicht mehr bereit, die Kontrolle über Kärnten den Jugoslawen zu überlassen. Schließlich war ihnen in der Gebietsaufteilung der besiegten Staaten unter den Alliierten, bei der Konferenz von Jalta, Kärnten zugesprochen worden[19].

Da half es auch nicht, dass Stalin offenbar zur Unterstützung der Südslawen bulgarische Einheiten nach Kärnten schickte. Diese verwüsteten zwar den Südosten Kärntens von Lavamünd bis St. Paul im Lavanttal, konnten sich aber nur zwei Wochen halten.

Auch gegenüber den Partisanenverbänden, die von Tito den Auftrag hatten, ganz Kärnten dauerhaft zu besetzen, blieben die Briten hart und drängten die Jugoslawen zum Abzug. Es sollte allerdings bis 1949 dauern bis die Gebietsforderungen auf Kärntner Territorium durch Jugoslawien abgewendet waren.

In der Zwischenzeit herrschte allerdings der blanke Terror in Kärnten. Der Preis für den Abzug der

Erstes Totengedenken für verschleppte und ermordete Kärntner mit Marjan Sturm, dem Vertreter der Kärntner Slowenen (mit Sonnenbrille). Die anderen Personen (von links): Rudolf Schober (SPÖ, zweiter Landtagspräsident), Andreas Mölzer (KHD Vorstand, Hg. Zur Zeit), Josef Feldner (KHD-Obmann), Franz Jordan (KHD-Obmann Stv.) und Heinz Stritzl (ehem. CR Kleine Zeitung).

Jugoslawischen Armee war die Auslieferung von Slowenen, Kroaten und Kosaken, die auf deutscher Seite gekämpft und sich in die vermeintliche Sicherheit der britischen Besatzungszone geflüchtet hatten. Ihre Auslieferung mit dem nahezu sicheren, meist grausamen Tod als Folge war ein Kriegsverbrechen, das in seinem vollen Ausmaß immer noch seiner Ahndung harrt.

Unter der großen Zahl von Opfern waren aber neben den oben angeführten „Kollaborateuren mit der Wehrmacht" auch tausende von deutschen Kriegsgefangenen und Zivilisten. Noch im Mai 1945, nur wenige Tage nach Kriegsende verschleppten Tito-Partisanen rund 300 Zivilpersonen aus Kärnten nach Jugoslawien. `Zumindest ein Drittel davon wurde auf grausame

Weise ermordet, kaum dass sie jugoslawischen Boden betreten hatten. Bezeichnenderweise geschah dies auch noch auf altösterreichischem Gebiet. Das Mießtal mit dem Ort Liescha[20] musste 1918 wie das Seeland, ohne in die Volksabstimmung einbezogen zu werden, an den neu entstandenen SHS-Staat abgetreten werden.

Träger der Angstmache in Kärnten waren die slowenischen Zeitungen im Verein mit jugoslawischen Politikern. Immer wieder wurde der „Anschluss von Slowenisch-Kärnten" an Jugoslawien gefordert. Ob in Moskau oder bei den alliierten Konferenzen über die Nachkriegsordnung, überall versuchten die Slowenen ihre Forderung auf Kärntner Territorium durchzusetzen. Aber auch im Inland trommelten die Jugoslawen ihre Forderung nach einem Großslowenien unter Einbeziehung der Kärntner Siedlungsgebiete.

So wurde der ehemalige Partisane Karel Prusnik-Gasper im Organ der Kärntner Slowenen, dem „Slovenski vestnik" vom 26. September 1948 zitiert: „Ich erachte es als meine nationale Pflicht ... zu erinnern ... wofür die slowenischen Partisanen drei Jahre lang ihr Herzblut vergossen haben, für das Vereinigte Slowenien ... den Anschluss Slowenisch Kärntens an Titos Jugoslawien."

In dieser Tonart ging es immer wieder und überall weiter. Die zahlreichen Proklamationen, Denkschriften und Zeitungsartikel liefen im Wesentlichen immer auf eines hinaus: auf das mit dem „Blut der gefallenen Partisanen erkämpfte Recht auf Kärntner Boden" und dessen Anschluss an Jugoslawien.

Erst die Entscheidung der Alliierten, mit Österreich einen Staatsvertrag abzuschließen, brachte die eindeutige Absage an die jugoslawischen Ansprüche. Die

Russen hatten ihre Unterstützung für die jugoslawischen Gebietsansprüche schrittweise aufgegeben. Zu verdanken ist der Schwenk Stalins weniger einem Entgegenkommen seinen Bündnispartnern gegenüber, als vielmehr einer Verstimmung mit der zur Schau getragenen abweichlerischen Haltung Titos zu den streng kommunistischen Positionen der Sowjets.

Der Staatsvertrag, so wichtig er für die Selbständigkeit Österreichs ist, barg allerdings damals schon den Keim in sich, was Kärnten und Österreich den Rest des 20. Jahrhunderts und auch Jahre darüber hinaus beschäftigen sollte: den Artikel 7.

Der Artikel 7 des Staatsvertrages aus dem Jahr 1955 regelt die Rechte der slowenischen und kroatischen Minderheiten in Österreich. Dazu gehören der Anspruch auf Elementarunterricht in der Minderheitensprache und die Verwendung derselben als zweite Amtssprache neben Deutsch in den *„Verwaltungs- und Gerichtsbezirken … mit slowenischer … Bevölkerung"*.

Für diese soll es auch zweisprachige topographische Aufschriften geben. Ein Mindestanteil der Minderheit an der Gesamtbevölkerung ist nicht angegeben, das zeitgenössische Verständnis lag aber bei 25 Prozent. Genau dies festzuschreiben hatten die Alliierten allerdings vergessen oder, wie Otto Scrinzi andeutet, bewusst darauf verzichtet, wenn er von einer *„vielleicht beabsichtigten unscharfen Fassung des Artikel 7 des Staatsvertrages"* spricht. Er verglich diesen Artikel 7 mit dem Artikel 68 des Friedensdiktates von St. Germain: *„Er hat fast alle Fehler und Schwächen seines Vorgängers übernommen. So wurde zum Beispiel unterlassen festzulegen, was als „gemischte Bevölkerung" zu* *verstehen ist"*. Diese unscharfe Fassung hatte zwei logische Folgen. Sie bewirkte auf der einen Seite unglaublich anmutende Maximalforderungen der Slowenen an Kärnten und Österreich, wenn es um die Umsetzung ihrer „verbrieften Rechte" ging. Auf der anderen Seite verlangten die unterschiedlichsten Gruppen und Parteien eine geheime Feststellung der Minderheitengröße in den einzelnen Gemeinden und Ortschaften, um eine Basis für die Erfüllung der Minderheitenwünsche zu haben. Das aber wollten die Slowenen nicht, weil sie, wie sie immer wieder argumentierten, *„Repressalien der deutschen Mehrheit gegen die slowenische Minderheit"* befürchten müssten. Und die Forderung nach Minderheitenfeststellung entspräche ohnehin nur dem *„Ansinnen, die Germanisierung der Slowenen voranzutreiben"*.

Mit diesen unklaren Regeln waren somit Positionen geschaffen worden, die sich bei jedem Versuch einer Lösung eher weiter einzementierten, denn aufzulösen begannen. Die Folge war der mittlerweile als Ortstafelstreit in die Kärntner Geschichte eingegangene Konflikt.

6. Das Ortstafeldebakel des Hans Sima

Hans Sima war noch ein Kind der Habsburgermonarchie. Im Juni 1918 geboren, hatte er zwar nicht viel von dem altösterreichischen Vielvölkerstaat mitbekommen, wohl aber wuchs er in einem familiären Umfeld auf, das an vorderster Front Stärken und Schwächen der Donaumonarchie miterlebt hatte.

Nachdem Simas Vaterhaus in Safnitz (heute Camporosso) im Kanaltal[21] stand, musste die Familie nach dem Verlust des ersten Weltkriegs, das Schicksal jener Bewohner deutsch besiedelter Gebiete erleben, die entgegen der sonst so konsequent geübten Selbstbestimmungspolitik der Siegermächte, ohne gefragt zu werden von ihrer angestammten Zugehörigkeit zu Land und Staat abgetrennt wurden.

Das Kanaltal wurde ja wie Südtirol nach dem ersten Weltkrieg den Italienern als „Kriegsbeute" zugeschlagen. Obwohl direkt an das Abstimmungsgebiet von 1920 angrenzend und von einer gemischtsprachigen Bevölkerung mit slowenischem Anteil besiedelt, gab es für das Kanaltal keinerlei Möglichkeit seine Staatszugehörigkeit selbst zu bestimmen. Die Familie Sima entschied sich schon sehr bald, ihre Heimat, die nun unter italienischer Verwaltung stand, zu verlassen. So verbrachte Hans seine Schul- und Jugendzeit in der Herzogstadt St. Veit an der Glan.

Dieser kurze Ausflug in den historischen Hintergrund ist ein Erklärungsversuch für das eigentlich schwer erklärbare Verhalten eines sicherlich intelligenten und auch in seinem Beruf bereits durchaus erfahrenen Politikers. Sima, der persönlich mit seiner Familie und seiner Heimat beim Verteilungskampf der Nachfolgestaaten für die zerschlagene Donaumonarchie durch den Rost gefallen war, hatte damit einen ganz anderen Zugang zu Abwehrkampf und Volksabstimmung.

Er stand, vielleicht unbewusst eher auf der Seite der Minderheit, weil er selbst einer in Italien angehörte, hätte sich seine Familie nicht seinerzeit entschlossen, doch in die neu entstandene Republik Österreich auszuwandern.

Das zweite „prägende" Ereignis, das Simas Verhalten in der Ortstafelfrage beeinflusste, war mit großer Wahrscheinlichkeit die Erfahrung mit Autoritäten und Konflikten in seiner Jugend. Der aus kleinbäuerlichen, eher ärmlichen Verhältnissen stammende Hans schloss sich schon sehr früh den Roten Falken an. Diese Vorfeldorganisation der Sozialisten, eine in den Zeiten des Klassenkampfes gegründete Jugendorganisation, war streng militärisch organisiert. Für einen „liberalen Geist", zu dem sich Sima später immer wieder in seiner Selbstbeschreibung bekannte, regte das vielleicht zu einer Geisteshaltung an, die sich zum Ziel setzte, es einmal ganz anders zu machen, wenn man es selbst bestimmen konnte. Dazu kam, dass Sima zur Zeit des Ständestaates von der Vaterländischen Front wegen seiner Zugehörigkeit zur sozialdemokratischen Arbeiterpartei Deutschösterreichs (SDAPDÖ) verhaftet und für ein halbes Jahr gefangen gehalten wurde.

Seine berufliche Laufbahn begann Sima 1938 als Beamter der Kärntner Landesregierung. Im folgenden 2. Weltkrieg diente er an der Front und wurde schwer verletzt. Nach dem Krieg begann er seine politische Laufbahn von der Pike auf. Er wurde Landesparteisekretär der Kärntner SPÖ. Bereits 1949 zog er als

Abgeordneter in den Kärntner Landtag ein. Abgeordneter zum Österreichischen Bundesrat und Mitglied der Kärntner Landesregierung waren die weiteren Stufen bis er schließlich 1965 die Position des Kärntner Landeshauptmannes von seinem Parteifreund, dem Langzeitlandeshauptmann Ferdinand Wedenig einnahm.

Das eher unauffällige Verhalten in den ersten fünf Jahren seiner Zeit als Landeshauptmann ist wohl der bundespolitischen Situation geschuldet. Die ÖVP hatte unter ihrem Obmann, dem in Kärnten geborenen, späteren Landeshauptmann von Salzburg Josef Klaus die absolute Mehrheit bei den Nationalratswahlen 1966 erlangt und erstmals in der Geschichte der Republik eine Alleinregierung gebildet.

Klaus war bereits seit 1964 Bundeskanzler einer ÖVP-SPÖ-Koalitionsregierung gewesen. Er hatte die Wahlen mit der Warnung vor einer kommunistischen „Volksfront" gewonnen, nachdem die Kommunisten im Wahlkampf zur Unterstützung für die SPÖ aufgerufen hatten.

Die SPÖ, bereits damals nicht sonderlich glücklich in der Oppositionsrolle, hatte sich in eine Obmann-Diskussion verstrickt[22]. Der Abgeordnete zum Nationalrat und ehemalige Staatssekretär im Außenministerium, Bruno Kreisky, machte dem ehemaligen Vizekanzler Bruno Pittermann die Rolle an der Spitze der Partei streitig.

Wie so oft, wenn sich die eigene Partei auf sich selbst konzentriert, hielten sich auch damals die sozialistischen Landeshauptleute, wie Hans Sima, weitgehend mit bahnbrechenden Initiativen zurück. Man wollte sich ja nicht exponieren und wartete erst einmal die Entwicklungen in der Partei und die personellen Weichenstellungen ab. Kreisky, der schließlich das interne Rennen um den Parteivorsitz in der SPÖ machte, brachte auch tatsächlich neuen Schwung in die Politik der Sozialisten und gewann mit einem an Populismus und Wahlzuckerln nicht mehr zu überbietenden Programm die Nationalratswahl 1970. Der ÖVP wurde damals vorgeworfen, mit ihrer Werbung für Josef Klaus als „echtem Österreicher" den Gegenkandidaten Bruno Kreisky, der ja Jude war, indirekt antisemitisch diskriminieren zu wollen.

In diese Zeit der 1960er Jahre fielen aber noch zwei Ereignisse, die ihren Einfluss auf die Ortstafelpolitik Simas hatten. Im März 1967 wurde das Südtirolpaket mit Italien ausverhandelt, das die Autonomie der deutschen Minderheit in Italien stärkte. Dadurch mag er sich veranlasst gefühlt haben, mehr für die slowenische Minderheit in Kärnten tun zu müssen, auch wenn es sich hierbei um eine gänzlich andere Situation handelte.

Und dann kam auch noch das Jahr 1968 mit den Studentenrevolten und dem Zeitgeist der Auflehnung gegenüber Althergebrachtem und Autoritäten. Dies fürchtete Sima offensichtlich auch für sein von den slowenenfreundlichen 68er-Revoluzzern nun aufs Korn genommenen Kärnten.

Dieser linksextreme Geist des Aufstandes, ja der Anarchie, hatte seinen Ausgang im Widerstand der Amerikaner gegen den Vietnamkrieg gehabt und ist über die Studentenrevolten in Paris und Deutschland auch nach Österreich gekommen[23]. Er beflügelte aber vor allem die Vertreter der slowenischen Minderheit und regte zu gewalttätigen Aktionen gegen die bestehende Ordnung an.

Im Umfeld der Feiern zum 10. Oktober 1970, also zum 50. Jubiläum der Volksabstimmung, kam es zu Schmieraktionen, Demonstrationen und auch Gewalttaten. Wie wir heute wissen, stand ein geheimdienstlicher Plan dahinter. Österreich zählte zu den am stärksten ausspionierten Staaten. In dieser Zeit sollen 240 Mitarbeiter von Titos Geheimdienst UDBA bei uns operiert haben, fast 50 davon waren österreichische Staatsbürger.

Die Abstimmungsstadt Völkermarkt wurde als „*Nazinest*" verunglimpft und die 1970 ins Leben gerufene, ultralinke Zeitschrift der slowenischen Minderheit „Klavido" verunglimpfte die Kärntner Volksabstimmung als „*Mickey Mouse-Abstimmung*". Der KHD[24] wurde auf Flugblättern als Ratte illustriert und als „*Faschistisches Ungeziefer*" bezeichnet. Seine Zerschlagung wurde in Aufschriften gefordert und als „*Dienst an der Heimat bezeichnet*".

Slowenische Hasskarikatur gegen den Kärntner Heimatdienst

Landeshauptmann Sima ließ sich beeindrucken, wohl weil auch gegen ihn persönlich in Schmieraktionen mit Hakenkreuzen und Nazi-Vorwürfen Stimmung gemacht wurde. So forderte er beim 15. SPÖ-Landesparteitag 1971 in einer ausführlichen Rede zum

Slowenenkonflikt, *„einen großzügigeren Umgang der Mehrheit gegenüber der Minderheit".*

Das bewirkte im Wesentlichen zweierlei: Solcherart im Rücken gestärkt intensivierten sich die Aktivitäten der Slowenen, die immer stärker auf die Aufstellung zweisprachiger Ortstafeln drängten. Erst damit, so die Argumentation, würde der Artikel 7 des Staatsvertrages von 1955, der die Rechte der Minderheiten in Österreich zum Gegenstand hatte, umgesetzt werden.

Donald Duck in Kärntner Tracht mit Flugblatt „Bleibt Entenhausen treu". Slowenische Karikatur zur Schmähung der Kärntner Volksabstimmung.

Simas Apell lenkte aber auch die Haltung der seit 1970 alleinregierenden SPÖ auf Bundesebene. Bundeskanzler Kreisky fühlte sich bemüßigt, größtmögliche Toleranz und Liberalität an den Tag zu legen. Schließlich sollte nicht der Eindruck eines „Drüberfahrens" oder gar eines Machtmissbrauchs der SPÖ-Mehrheit entstehen. Er, der mit dem Einlösen seiner zahlreichen Wahlversprechen gewiss genug um die Ohren hatte, verließ sich in der Frage der slowenischen Minderheit ganz auf seinen politisch erfahrenen Kärntner Landesparteiobmann. Dieser würde schon abschätzen können, was „politisch machbar" sei, das heißt, was also der Kärntner Mehrheitsbevölkerung zumutbar wäre.

Sima hatte bei den Landtagswahlen 1970 mit über 53 Prozent und 20 von 36 Mandaten eine überlegene absolute Mehrheit für die SPÖ erreicht. Er versicherte Kreisky damals, dass eine Mehrheit der Kärntner hinter der von ihm vorgeschlagenen Aufstellung von zweisprachigen Ortstafeln stehen würde. Er operierte damals auch mit Zahlen, die fern jeder Realität waren. So rechnete er Kreisky vor, dass allein 80.000 slowenische oder zumindest windische Kärntner als Betroffene die Initiative unterstützen würden.

Eine Fehleinschätzung, die dem strahlenden Wahlsieger von 1970 letzten Endes den Sessel des Kärntner Landeshauptmannes kosten sollte. Bundeskanzler Kreisky eilte damals von Erfolg zu Erfolg und war auf dem Weg zum unbestrittenen Politgenie Österreichs. Ja, die ihm schon bald von der Karikatur zugewiesene Bezeichnung des neuen „Sonnenkönigs von Österreich" scheint im Nachhinein betrachtet für die damalige Zeit nicht einmal allzu weit hergeholt.

Damals aber ging das Kalkül ganz gewaltig daneben. Möglich, dass der Bundeskanzler nicht nur der Fehlinformation Simas auf den Leim gegangen war, sondern sich auch von seinen eigenen innenpolitischen Erfolgen blenden ließ; möglich auch, dass dem gewieften Außenpolitiker ein Zugeständnis an den jugoslawischen Nachbarn politisch sinnvoll erschien, Sima hat er allerdings diesen Fehlschlag nie verziehen.

Jedenfalls ging die SPÖ mit dem sogenannten Ortstafelgesetz in die Offensive. Am 6. Juli 1972 wurde es mit den Stimmen der SPÖ-Mehrheit gegen die Stimmen von ÖVP und FPÖ beschlossen. Aber selbst unter den sozialistischen Nationalratsabgeordneten fand das

Karikatur von Kreisky und Sima zur Fehleinschätzung der SPÖ
bei der Aufstellung der zweisprachigen Ortstafeln 1972.

Ortstafelgesetz nicht uneingeschränkte Zustimmung.
Die Kärntner Volkszeitung schrieb damals unter dem
Titel „*90:87 durchgepeitscht*":

„*Bemerkenswert ist die Tatsache, dass das sozialistische Gesetz von keinem Kärntner Abgeordneten unter-
zeichnet wurde. In der Debatte traten die Abgeordneten
der Volkspartei, Deutschmann, Gorton und Suppan,
sowie Skrinzi (FPÖ) geschlossen dagegen auf, während
von sozialistischer Seite lediglich der Abgeordnete Lup-
towits das Gesetz unter anhaltendem Applaus seiner
Fraktion freudig begrüßte, weil damit bewiesen wurde,
wie aus Österreichern Europäer werden könnten. Die
anderen Kärntner SPÖ Abgeordneten schweigen zu dieser brisanten staatspolitischen Frage*".

Ja, sie schwiegen nicht nur, sie dürften auch die Abstimmung geschwänzt haben. Es gab nämlich nur 90
Ja-Stimmen, die SPÖ hatte aber zu dieser Zeit 93 Abgeordnete! Es ist diesem Bericht der Volkszeitung von
1972 aber auch noch ein anderes bemerkenswertes
Faktum zu entnehmen. Bereits damals wurde seitens

der SPÖ über die Aufgabe der nationalen Souveränität gejubelt. Der SPÖ Abgeordnete hatte in seiner zitierten Rede davon gesprochen, dass mit der „Slowenisierung" Kärntens *„aus Österreichern Europäer"* werden könnten. Er hatte damit nicht die geographische Zugehörigkeit zu diesem Kontinent gemeint, sondern die Aufgabe der Kärntner und österreichischen Identität.

Weder der Bundesregierung noch dem Kärntner Landeshauptmann, mit seiner absoluten SPÖ Mehrheit, waren sich der Tragweite dieser gegen den Willen der Kärntner Mehrheitsbevölkerung erfolgten Zwangsregelung bewusst.

KHD-Chef Josef Feldner erinnert sich: *„Ich war erst wenige Wochen zuvor zum Obmann des Kärntner Heimatdienstes gewählt worden. Mir war klar, dass sich die überwiegende Zahl der Deutsch-Kärntner vor allem in den betroffenen Gebieten überrumpelt fühlen würden."*

Und diese Überrumpelung fand ihre Fortsetzung. Hans Sima hatte es eilig, vollendete Tatsachen zu schaffen. Er wollte zwischen der Beschlussfassung des Gesetzes im Nationalrat und der Aufstellung der Tafeln organisierte Protestaktionen möglichst vermeiden. Dass diese nicht ausbleiben würden, war ihm wohl bewusst, zumindest erahnte er es. Die Hast im Vorgehen Simas ersieht man alleine in der Tatsache, dass er bereits vor der Gesetzeswerdung entsprechende Tafeln anfertigen ließ. So kam es, dass bereits im September 1972 in 205 Südkärntner Orten zweisprachige Schilder aufgestellt waren.

Das ist höchst bemerkenswert, dauert die Umsetzung von Gesetzen in Österreich schon infolge der einzuhaltenden Schritte[25] bis zur Rechtswirksamkeit zumindest ein halbes Jahr. Realistisch ist üblicherweise eine ein- bis eineinhalbjährige Frist bis ein Gesetz auch tatsächlich, für die Bevölkerung erkennbar, wirksam wird.

Natürlich kam auch diese Aktion Simas bei den Kärntnern nicht gut an. Der sogenannte Ortstafelsturm war die Folge. Kärntner, die von den Ereignissen der beiden Nachkriegszeiten, des Partisanenterrors und nicht zuletzt durch die immer wieder erhobenen Gebietsforderungen jugoslawischer Politiker und slowenischer Nationalisten in ihrer Einstellung und Haltung geprägt waren, übermalten die slowenische Ortsbezeichnung oder montierten gleich die ganze Tafel ab. Aber auch daran hatte der Kärntner Landeshauptmann bereits im Vorfeld seiner Ortstafelentscheidung gedacht: binnen 24 Stunden waren die übermalten oder abmontierten Ortstafeln durch neue, zweisprachige ersetzt. Dass sich das die Kärntner nicht gefallen lassen würden, war klar. Noch viel weniger, als Sima vermeintliche „Abmontierer" verhaften ließ und ins Gefängnis steckte.

Durchgesetz haben sich jene Kärntner, die um die Ungeteiltheit des Landes fürchteten und sich auch von der Machtdemonstration der roten Landesregierung nicht beeindrucken ließen, schließlich hatten sie ja in den Abwehrkämpfern von 1918 ein lebendiges, unvergessenes Vorbild. Pünktlich zum 10. Oktober 1972 gab es keine zweisprachigen Ortstafeln in Kärnten mehr.

Natürlich ging das „Ping Pong" mit Montage und Demontage ab dem 14. Oktober wieder weiter. Mit dem Jahresende 1972 war Kärnten topographisch wieder einsprachig – vorerst zumindest.

Nach dieser beeindruckenden Aktion der Kärntner „Aktivisten" erhob sich natürlich die Frage nach der Organisation, die nach Meinung der sozialistischen Politiker „dahinter" gestanden haben musste. Verdächtigt wurden in erster Linie natürlich die Heimatverbände, der von Abwehrkämpfern 1955 gegründete Kärntner Abwehrkämpferbund[26] und der Kärntner Heimatdienst. KHD Obmann Feldner weist diese Anschuldigung zurück:

> *„Bei allem Verständnis für die berechtigte Empörung der betroffenen Bevölkerung wegen der aufgezwungenen Ortstafelregelung, war man sich im Kärntner Heimatdienst von Anfang an darüber einig, dass die illegalen Ortstafeldemontagen nicht der geeignete Weg zur Beseitigung des Ortstafelgesetzes sein konnten."*

Der KHD versuchte dagegen mit dem demokratischen Mittel der Demonstration die erhitzten Gemüter zu kanalisieren und zu beruhigen. Er rief zu einer Großkundgebung in Klagenfurt auf, der über 20.000 Kärntner Folge leisteten. Symbolträchtig fand die Kundgebung mitten im historischen Zentrum der Landeshauptstadt statt, am Altenplatz mit dem alten Renaissance-Rathaus und dem Haus der Goldenen Gans, dem ältesten urkundlichen erwähnten Haus von Klagenfurt (1489)[27]. Bei dieser Kundgebung forderte Feldner in seiner Ansprache eine Novellierung des Ortstafelgesetzes auf Basis des in der Volksabstimmung von 1920 zum Ausdruck gebrachten Selbstbestimmungsrechts und eine Aussetzung der Aufstellung von zweisprachigen Ortstafeln.

Wohl auch durch diese Demonstration angeregt, in erster Linie aber in der Notwendigkeit weiteren

Imageschaden von der SPÖ abzuwenden, entschloss sich Bruno Kreisky und seine rote Alleinregierung die Notbremse zu ziehen. Und wie so üblich, wenn man Probleme nicht lösen kann, wurde eine Kommission eingesetzt.

Die so genannte „Ortstafelkommission". Der offizielle Name klang natürlich um einiges wissenschaftlicher und auch unverständlicher, nämlich „Studienkommission für Probleme der slowenischen Volksgruppe". Damit waren das strittige Ortstafelgesetz und die Aufstellung der zweisprachen Schilder aber erst einmal ausgesetzt und wie es bei kommissionellen Studien der Fall ist, auf die lange Bank geschoben. Über Hans Sima allerdings war seitens Kreiskys und der Bundesparteileitung der SPÖ der Stab gebrochen.

Beim Landesparteitag der SPÖ 1973 wurde er als Landesparteiobmann der SPÖ abgewählt, Leopold Wagner folgte ihm nach. Im April 1974 übergab Sima dann schließlich an Wagner auch das Amt des Kärntner Landeshauptmannes.

8. Das Donnergewitter nach dem Sturm

Es war die erste schwerwiegende Fehlentscheidung des auf der Erfolgswelle schwimmenden SPÖ Kanzlers Bruno Kreisky gewesen. Dem gewieften Politiker, mit dem scheinbar unschlagbar sicheren Gefühl für die Stimmung im Volk, war mit seiner Einschätzung der Lage in Kärnten gewaltig danebengelegen. Die Aufstellung der zweisprachigen Ortstafeln 1972 in Kärnten war für den gelernten Außenpolitiker mit weltweiter Perspektive als „Regionalproblem" gewaltig unterschätzt worden. Natürlich durfte trotz des Misserfolges der

SPÖ-Politik in Kärnten nichts Schwerwiegendes an der Bundesführung hängenbleiben. Kreisky war schließlich der Chef einer SPÖ-Alleinregierung und hatte mit zahlreichen Wahlversprechen die Initiative übernommen, Österreich gründlich umzukrempeln. Das durfte nicht gefährdet werden. So war es zum eigentlichen Unverständnis des Betroffenen, dem Kärntner Landeshauptmann Sima, an den Kragen gegangen.

Damit war aber nur der bundespolitische Schaden eingedämmt, der Scherbenhaufen in Kärnten war geblieben und harrte seiner Beseitigung. Zwar hatten die aufgebrachten Kärntner ihr Ziel erreicht; keine Ortstafel mit slowenischer Aufschrift störte die immer wieder beschworene und auch nach außen hin erkennbarer Einheit und Ungeteiltheit des Landes. Dafür aber war der Zorn der enttäuschten Slowenen im In- wie im Ausland wieder einmal entfacht.

Die Bundesregierung, die sich auch internationalen Protestnoten gegenüber sah, verwies auf Leistungen, die über die Verpflichtungen des Staatsvertrags hinausgehend für die slowenische Minderheit in Kärnten geleistet worden waren. Kreisky schreibt dazu in seinen Erinnerungen:

„Wenn auch meiner Meinung nach nirgends die direkte Verpflichtung zur Errichtung eines slowenischen Gymnasiums bestand, so war es selbstverständlich dass Österreich für ein solches Gymnasium eintrat…Die slowenische Minderheit war allerdings mit derartigen Zugeständnissen nicht zufrieden, deshalb wurden immer wieder in großer Zahl Besprechungen im Bundeskanzleramt einberufen, um sich mit den Minderheitenproblemen zu befassen…wenngleich ich mir im Klaren war,

daß es illusionär wäre, von den Vertretern der Minderheit eine Endfertigungserklärung zu erhalten."

Das Gegenteil war passiert. Es brach eine Aggressionswelle los, wie es ihresgleichen bis dahin in Nachkriegseuropa kaum gegeben hat.

Nichts war dem Zufall überlassen. Aus dem Ausland kamen auch die Anregungen für den Terror, der sich nun in Kärnten breitmachen sollte. In der umfangreichen gemeinsamen Studie österreichischer und slowenischer Wissenschaftler mit dem Titel „Titos langer Schatten" wird der Ausgangspunkt der in dieser Zeit erfolgten Anschläge erläutert:

„Eine kleine brandgefährliche, ultralinke Gruppe von Kärntner Slowenen suchte mit französischen Maoisten und Basken, radikalen, in terroristischen Operationen involvierten Gruppen, in Kontakt zu kommen. Mit den Basken deshalb, so ihre Auffassung, weil sie erfolgreich Bomben werfen und andere Aktionen setzen."

Ausgeführt oder zumindest geleitet wurden die insgesamt 19 Sprengstoffanschläge von Agenten des jugoslawischen Geheimdienstes und ihren Handlangern. Zu den Zielen gehörten unter anderem Abwehrkämpferdenkmäler, das Büro des Kärntner Heimatdienstes und das Heimatmuseum von Völkermarkt. Aber auch Partisanendenkmäler waren darunter. Damit sollte in den Augen der Öffentlichkeit der Eindruck erweckt werden, angeblich faschistische rechtsradikale, gegen die slowenische Minderheit eingestellte Kräfte wären hier am Werk. Eine Methode, der sich die linken Terroristen immer wieder bedient hatten und wenn wir heute nach Deutschland schauen auch immer noch bedienen.

Die Autoren der oben angesprochenen Untersuchung kommen zu dem Schluss:

„Der Sprengstoffterror war durchdacht, auf dramatische Effekte hin minutiös geplant. Er war das Fazit eines systematischen und zielgerichteten Vorgehens, in dem die Drahtzieher und Hintermänner zunächst die Kampagnen gegen die zweisprachigen Ortstafeln für Terrorakte und die vorhandene Unzufriedenheit in der nationalen Frage geschickt für ihre Zwecke zu nutzen wussten."

Die Terroraktionen der Tito-Agenten zielten also ganz eindeutig darauf ab, mit öffentlichkeitswirksamer Gewalt Druck auf die Politik auszuüben und über den Umweg der Medien auch Eindruck in der internationalen Berichterstattung zu hinterlassen. Was in unseren Zeitungen und elektronischen Medien über die Aktivitäten von ETA und der irischen IRA berichtet wurde, so die Hoffnung der Slowenen, würde in der internationalen Presse auch über die slowenischen Aktivitäten in Österreich Behandlung finden.

Auch wenn zu dieser Zeit der Marsch der 68iger durch die Institutionen, und damit auch in die Medien, erst am Anfang war, konnte man damit rechnen, dass der eine und andere „Gesinnungsgenosse" die Auflehnung der Slowenen gegen die staatliche Ordnung „positiv" aufgreifen würde.

Unterstützung für die „slowenische Sache" war letzten Endes auch von den „fortschrittlichen Studenten" zu erwarten. Und diese sollte auch nicht auf sich warten lassen. Bei einer Veranstaltung des RFS mit dem Kärntner Nationalratsabgeordneten Otto Scrinzi (FPÖ) an der Universität Wien kam es bereits im Oktober 1972 zur ersten blutigen Auseinandersetzung. Eine Gruppe ultralinker Studenten, begleitet von einem Mob aus angeheuerten Schlägern, stürmte das Neue Institutsgebäude und hinderte den Nationalratsabgeordneten daran, seinen Vortrag zum Ortstafelkonflikt in Kärnten zu halten. Nach auch körperlichen Übergriffen der „Protestierer" auf die Teilnehmer der Veranstaltung mussten letzten Endes Polizeieinheiten in drei Bussen anrücken, um Schlimmeres zu verhindern und die an der akademischen Diskussion interessierten Studenten aus dem von den linken Randalierern in Geiselhaft genommenen Institutsgebäude zu geleiten.

Die Slowenen versuchten aber nicht nur die österreichische und internationale Öffentlichkeit über ihre politischen und medialen Netze auf die Versäumnisse der österreichischen und Kärntner Regierungen in der Umsetzung des Staatsvertrages aufmerksam zu machen, sie verbreiteten im gleichen Atemzug wahrlich „atemberaubende" Forderungen.

Vertreten durch ihre beiden Organisationen, dem Rat der Kärntner Slowenen[28] und dem Zentralverband slowenischer Organisationen[29], forderten sie in einer gemeinsamen Resolution im Mai 1973, dass: „*der Artikel 7 im ganzen Siedlungsraum unserer Volkstumsgemeinschaft verwirklicht werden [muss] und den ganzen Lebensraum unseres Menschen umfassen, das heißt, nicht nur die Orte, in denen er lebt, sondern auch die Orte und Zentren in denen er arbeitet, einkauft, seine Erholung sucht und sich kulturell und gesellschaftlich auslebt.*"

Es ist in Verhandlungen durchaus üblich, dass Maximalforderungen erhoben werden, die Spielräume enthalten, von denen man dann im Zuge der Verhandlung auch abweicht, um Kompromisse zu erzielen. Das allerdings, was die Slowenen hier als „Resolution" veröffentlichten, war aber an Unverfrorenheit kaum zu überbieten. Damit wäre zumindest ganz Kärnten in Beschlag genommen, denn die Arbeitsplätze der slowenischen Kärntner werden sich auf das ganze Bundesland erstrecken. Ganz sicher kann aber davon ausgegangen werden, dass die Städte Klagenfurt, Villach, St. Veit an der Glan, Spittal an der Drau, Völkermarkt, Hermagor und Wolfsberg damit sowohl als Arbeitsorte als auch als Einkaufsstätten betroffen gewesen wären, von den angesprochenen „Erholungsstätten" ist ganz zu schweigen.

Bezeichnend für die unversöhnliche Aggression der nationalistischen Slowenen sind auch die Ausschreitungen im Umfeld der Feiern des Kärntner Landesfeiertages durch das offizielle Kärnten. Im Vorfeld zur 75-Jahrfeier der Volksabstimmung am 10. Oktober 1995 hatte die Marburger Zeitschrift „Vecer" bereits am 7. Oktober „Stimmung" gemacht: „Es wird der 10. Oktober als Sieg des großdeutschen Nationalismus gefeiert, als Tag des Hasses und der Erniedrigung der Slowenen", schrieb sie damals, um ihre Leute in Kärnten so richtig anzuheizen. Was auch blendend gelang.

So ergossen sich die Schreiber des „Slovensky Vestnik", dem Presseorgan der Kärntner Slowenen, in menschenverachtenden Hasstiraden, die kaum mehr zu überbieten waren. Sie beschimpften die Teilnehmer am Festumzug, als „braunes Ungeziefer". Der Klub der slowenischen Studenten verwendete seine Multi-Mediaschau, um die Oktoberfeiern in Kärnten als „Zusammenrottung von läufigen Hunden" herabzuwürdigen. In Klagenfurt, unweit des Landhaushofes, wo

die politischen Vertreter des Landes mit den heimat-
bewussten Kärntnern an der Stätte der Einheit dem
Meilenstein der Kärntner Geschichte gedachten, ver-
anstalteten die Slowenen ihr gegen Österreich und
Kärnten ausgerichtetes „10.-Oktober-Fest". Die Leit-
figuren waren radikale Slowenenführer und hochran-
gige Tito-Partisanen.

Janko Messner[30] spickte seine Rede mit „hochintel-
lektuellen" Beschimpfungen. So behauptete er, Kärnten
wäre ein „hakenkreuziges Land", unseren Staat bezeichnete er als „Scheiß-Österreich" und tat eine mögliche
Versöhnung in dem Ortstafelstreit als „schädliches
Geschwafel" ab. Mit von der Partie war damals auch
ein Schüler Messners vom slowenischen Gymnasium,
Rudolf Vouk. Er vertrat bei der Veranstaltung die 1991
gegründete Slowenische Einheitsliste, Enotna Lista,
deren Präsidium er damals angehörte.

Wenig verwunderlich ist auch die Nachbetrachtung
des „Slovenski Vestnik" zum 75-Jahr-Jubiläum 1995:
„die charakteristischen braunen Gewänder[31] haben
wieder das Gesicht Klagenfurts geprägt sowie neuerlich
die braune Denkungsart seiner Träger bekundet."

Eines muss zum Abschluss dieses Kapitels wohl noch
angemerkt werden. Die Agitationen der Slowenen in
den 1970er Jahren haben Kärnten und auch die Republik an den Rand eines Bürgerkrieges gebracht. Die
Agitationen des jugoslawischen Geheimdienstes auf
österreichischem Staatsgebiet waren durchaus für die
Regierung kein Geheimnis. Den österreichischen Be-
hörden waren 111 potenzielle Täter der Schmieraktionen und des Bombenterrors bekannt, sie hatten aber an
einer öffentlichen Aufdeckung keinerlei Interesse. Die

Erklärung dazu: „*Damit die politische Lage in Kärnten nicht außer Kontrolle gerate, dürfe nicht zu tief gebohrt werden*" – das verleitet die Historiker der Historikerkommission zu dem Schluss: „*Wie es aussieht, scheinen Hoch- und Landesverrat in Österreich ein persönlich schützenswertes Faktum zu sein*".

Dieser Anschuldigung wurde seitens der Organe des Bundes nie widersprochen. Ebenso wenig gab es Konse-

quenzen als Die Grünen mit ihrem im Weltnetz veröffentlichten Spruch „*Nimms Flaggerl fürs Gackerl!*" empfahlen, die österreichische Fahne zur Beseitigung von Hundekot zu benützen oder patriotische Österreicher in menschenverachtender Weise abqualifizierten, indem sie ihnen ausrichteten: „*Wer Heimat im Herzen hat, hat Scheiße im Hirn*"[32].

9. Die List des Rudi Vouk

Nahezu zwei Jahrzehnte waren nach der Ortstafelverordnung 1976 von Landeshauptmann Leopold Wagner (SPÖ) vergangen. Diese sah in 91 Südkärntner Ortschaften zweisprachige Ortstafeln vor, die auch größtenteils aufgestellt worden waren. Sowohl seitens der deutschen Mehrheit als auch von der slowenischen Minderheit wurde dieser Status weitgehend akzeptiert. Weitergehende Forderungen der Slowenen wischte Wagner vom Tisch. Einmal kam ihm da die Weigerung der

Slowenenvertreter entgegen, an Einigungsgesprächen mit den Heimatverbänden teilzunehmen. Zum anderen zog er sich auf die Position zurück, dass für eine gerechte Lösung eine echte Erhebung der Volksgruppenstärke erforderlich wäre.

Er war damit der immer wieder von den Heimatverbänden gestellten Forderung gefolgt. Diese Feststellung der Zugehörigkeit zur slowenischen Minderheit fürchteten die Vertreter der nationalslowenischen Verbände allerdings wie der Teufel das Weihwasser. Im Volksgruppengesetz von 1976, das von allen drei im Parlament vertretenen Parteien beschlossen worden war, war

Slowenenvertreter Anwalt
Rudolf Vouk, geb. 1965

auch eine „geheime Spracherhebung" vorgesehen. Die Slowenenverbände hatten allerdings zu einem Boykott dieser im November 1976 durchgeführten Befragung aufgerufen.

Es gab zwar auch andere offizielle Zahlen, diese wurden aber nicht einhellig als für die Volksgruppenzugehörigkeit gültig anerkannt. Bei den alle zehn Jahre stattfindenden Volkszählungen wird auch die Umgangssprache erhoben. So gaben 1971 gerade einmal 20.971 Kärntner an, Slowenisch als Umgangssprache zu haben. Diese Zahl wollten die Slowenen aber nicht als Messzahl für die Volksgruppenstärke gelten lassen. Sie operierten damals, sowohl im Ortstafelstreit im Inland als auch in ihrer international sehr ausgedehnten Agitation, mit einer Größenordnung von 80.000 bis 120.000. Als Argumentation für die doch recht erheblich abweichenden Zahlen führten sie die angebliche „Bekenntnisangst infolge zu befürchtender Repressalien" an.

Tatsächlich kann man davon ausgehen, dass selbst die relativ geringe Zahl von knap 21.000 noch geschönt ist. Der Grund für diese Vermutung liegt im Erhebungsverfahren der Daten. Die Volkszählungen wurden bis 2001 immer „persönlich" durchgeführt: Das heißt, die Erhebungspersonen gingen von Haus zu Haus und füllten den Erhebungsbogen für die befragten Personen aus.

Im gemischtsprachigen Gebiet waren die erhebenden Personen natürlich slowenischsprachig. Das wurde damit begründet, dass sie ja auf Haushalte treffen könnten, die nicht Deutsch verstünden und daher eine korrekte Erhebung nur von Personen durchgeführt werden könnte, die zumindest auch Slowenisch sprechen. Das heißt, dass bei der Volkszählung im gemischtsprachigen Gebiet der Druck eher in der Richtung bestand, dass auch Leute, die sich selber lieber der deutschen Bevölkerung zugerechnet hätten, ihr Bekenntnis abänderten, um nicht in ihrem unmittelbaren Lebensumfeld „als Abweichler" oder gar als „Verräter" dazustehen.

Schließlich ist es ja den Nationalslowenen seit der herben Enttäuschung über das Ergebnis der Volksabstimmung 1920 ein Anliegen, die Begründung für „ihren Kampf für die Nordgrenze" in einer „Germanisierung der Slowenen" durch die Mehrheitsbevölkerung Kärntens zu suchen.

Dabei kann und soll eine „schleichende Assimilierung" gar nicht geleugnet werden. Dazu braucht man nur die Zahlen der Volkszählungen der letzten 60 Jahre hernehmen. Bei der ersten Volkszählung nach dem Krieg 1951 bekannten sich 42.095 zu Slowenisch als Umgangssprache, 2001 waren es nur mehr 12.586. Von Jahrzehnt zu Jahrzehnt gibt es einen Rückgang von rund Viertausend. Ausnahme von dieser Regelmäßigkeit ist der Zeitraum zwischen 1951 bis 1961, als der Rückgang gut 17.184 ausmachte. Diesbezüglich muss man bedenken, dass 1951 Kärnten noch unter englischer Besatzung stand. Für den einen oder anderen wird es daher damals verständlicherweise opportun gewesen sein, vorzugeben nicht einmal Deutsch zu sprechen, geschweige denn der besiegten deutschen Volksgruppe anzugehören. Mit dem Verlassen der Besatzungsmacht fiel dann dieser Druck weg und das Bekenntnis zum Deutschtum stieg entsprechend an.

Die Slowenen legten diesen starken Abfall allerdings völlig anders aus: *„Wenn sich die völkische Struktur... in kurzer Zeit so geändert hat, dann ist das ein Wunder der eigenen Art, das man höchstens als planmäßige Vernichtung der Minderheit, ja sogar als planmäßigen Genozid an der Minderheit betrachten könnte"*, schrieb die jugoslawische Wochenzeitung „Sedem dni" in Marburg am 10. Februar 1972.

Man ist versucht, an dieser Stelle an das alte Sprichwort zu denken, das da dem Schelm unterstellt, „so zu sein wie er denkt". Was Jugoslawen und Slowenen im Besonderen mit der deutschen Minderheit in ihrem Land angestellt haben, ist allerdings nicht Gegenstand dieser Schrift.

Die skurrilen Deutungen des Anteils der Slowenisch sprechenden und denkenden Bevölkerung Kärntens ist damit aber noch lange nicht am Ende. So folgert die „Nas Tednik"[33] vom 22. März 1973 messerscharf: *„In Oberkärnten, wo die slowenische Bevölkerung eingedeutscht wurde, entdecken die Wissenschaftler sprachliche Besonderheiten, die offensichtlich nicht deutschen, sondern slowenischen Ursprungs sind. Obwohl die Bewohner die deutsche Sprache sprechen, denken sie noch immer slowenisch".*

Höchst bemerkenswert! Es handelt sich hier ganz offensichtlich um Genies. Denn entsprechend dieser Logik denken die Deutsch sprechenden Oberkärntner dann nicht nur slowenisch, sondern auch römisch, griechisch und im Zeitalter der Anglizismen vor allem englisch. Und das neben dem „aufgedrängten" Deutschen.

Nachdem man Nachkriegsösterreich zwar Einiges nachsagen kann, nicht aber, dass es keine demokratischen und geheimen Wahlen abhalten würde, sind wohl die Ergebnisse der Landtagswahlen ein nicht von der Hand zu weisendes Indiz für die Zugehörigkeit zum Slowenentum. Nachdem bei der Wahl 1975 zum ersten Mal die slowenische Einheitsliste kandidiert hatte, konnte jeder, ohne jedem psychologischen Zwang sein geheimes Bekenntnis ablegen.

Das Ergebnis war ernüchternd. Gerade einmal 6.130 Stimmen konnte die slowenische Einheitsliste sammeln. 1994 bei ihrem letzten alleinigen Antreten waren es nur mehr 3.327. Fünf Jahre später, als sich die „Slowenische Einheitsliste" mit den „Grünen" und dem „Liberalen Forum" zusammentaten, gab es für diese gemeinsame

Kandidatur unter dem Titel „Demokratie 99" 13.056 Stimmen. Das bedeutet einen Rückgang um 31,5 Prozent. 1994 hatten diese Gruppierungen zusammengerechnet noch 19.078 Stimmen erhalten.

Das Problem, dass die Slowenen mit diesen Zahlen in erster Linie hatten, war die damit verbundene Unmöglichkeit, die von ihnen gewünschte Anzahl an zweisprachigen Ortstafeln zugestanden zu bekommen. Das damals in Kraft befindliche Volksgruppengesetz von 1976 und die Ortstafelverordnung von 1977 sahen einen Mindestanteil von 25 Prozent vor, damit in einer Ortschaft zweisprachige Ortstafeln aufgestellt werden könnten. Daraus ergaben sich dann auch die 91 Orte, die sie mit wenigen Ausnahmen auch bekamen.

Sich dieses slowenischen „gordischen Knotens" bewusst, griff der Rechtsanwalt Rudi Vouk zum Schwert. Wie einst der legendäre Alexander suchte er auf eine unkonventionelle Art eine Lösung. Sein Schwert war allerdings, der heutigen Zeit angepasst, sein Auto.

Am 12. Oktober fuhr er durch das Ortsgebiet von St. Kanzian. Viel zu schnell allerdings, wie er sehr wohl wusste, genau wie die Tatsache, dass seine Geschwindigkeit von der Polizei gemessen werden würde. Und er wusste natürlich auch, dass dies zu einer satten Strafe führen würde. Nach wenigen Tagen flatterte sie prompt ins Haus: 500 Schilling, nach heutiger Währung also rund 36 Euro. Bezahlt hat er nicht, wohl wissend, was folgen würde und was da zu machen war. Er erhob Einspruch.

Als Rechtsanwalt kannte er den Instanzenzug sehr gut. In seinem Einspruch bei der Bezirkshauptmannschaft Völkermarkt führte er an, dass der Ortsbereich, der nach einer Einschränkung der Geschwindigkeit auf 50 km/h verlangt, nicht ausreichend gekennzeichnet gewesen sei. Auf der Ortstafel fehle die slowenische Bezeichnung, so sein Argument. Der nächste Schritt nach Ablehnung seiner Berufung war dann der Gang zum Unabhängigen Verwaltungssenat von Kärnten. Als auch dieser abschlägig entschied, war er am Ziel seines Weges. Er erhob Beschwerde beim Verfassungsgerichtshof (VfGH) wegen Verletzung des Rechts auf Gleichheit vor dem Gesetz.

Der Zeitpunkt war gut gewählt. Im Jahr 2000 wurden im Burgenland die ersten zweisprachigen Ortstafeln mit kroatischer Aufschrift aufgestellt. Alles lief ohne Konflikt und problemlos ab. Da war es naheliegend – der Wirbel in Kärnten lag schon mehr als zwei Jahrzehnte zurück – dass auch für die Slowenen etwas herauszuholen sein könnte.

Österreich war mittlerweile der Europäischen Union beigetreten und Slowenien stand „ante portas". Die EU hatte gerade Sanktionen gegen das Mitgliedsland Österreich verhängt, weil die FPÖ, der immer wieder Rassismus und Ausländerfeindlichkeit vorgeworfen wurde, in einer Koalition mit der ÖVP Wolfgang Schüssels war.

Ein neuerlicher Versuch, ein nach außen hin deutlicher erkennbares slowenisches Kärnten, mit mehr zweisprachigen Ortstafeln zu schaffen, schien wieder erfolgversprechend. Der von der EU eingesetzte Weisenrat unter der Führung des finnischen Sozialdemokraten Martti Ahtisaari untersuchte die „Demokratietauglichkeit und EU-Wertekonformität" der Regierung. Es gab seitens der Prüfungskommission nichts zu beanstanden, im Gegenteil; in ihrem Bericht sprachen die drei Weisen von einer „*vorbildlichen Minderheitspolitik*", die Österreich und Kärnten betrieben. Bei so viel Lob von so hoher Stelle, sah sich der Verfassungsgerichtshof bemüßigt zu zeigen, dass auch die Jurisdiktion in Österreich dieser Lorbeeren würdig sei. Er nahm die Beschwerde Rudolf Vouks am 28. Juni 2001 zum Anlass, ein Verfahren zur Prüfung der Verfassungsmäßigkeit der einschlägigen Verordnungs- und Gesetzesbestimmungen einzuleiten.

Schon ein halbes Jahr später lag die Entscheidung am Tisch. Die Beschwerde von Rudi Vouk wurde zwar abgelehnt (er musste die Strafe wegen Geschwindigkeitsübertretung im Ortsgebiet also zahlen), die Bestimmungen des Volksgruppengesetzes mit der 25 Prozentgrenze wurden jedoch aufgehoben. Der von der Politik festzulegende Prozentsatz müsse deutlich darunter liegen, meinte der Verfassungsgerichthof. Von dem vielfach kolportierten neuen Mindestsatz von zehn Prozent ist in der VfGH-Erkenntnis allerdings nirgendwo die Rede.

Nichtsdestoweniger löste der Verfassungsgerichtshof mit dieser Entscheidung, wie KHD-Chef Feldner es formulierte, „*einen neuerlichen Ortstafelstreit aus, der erst nach fast zehn Jahren..mit der von allen Parlamentsparteien beschlossenen Novelle zum Volksgruppengesetz beendet wurde.*"

10. Die Hartnäckigkeit Jörg Haiders

Die Erkenntnis des Verfassungsgerichtshofes erfolgte in der Zeit als Jörg Haider zum zweiten Mal die Position des Landeshauptmannes von Kärnten innehatte. Er wurde mit der FPÖ 1999 bei der Landtagswahl stimmenstärkste Partei in Kärnten und im Landtag erneut zum Landeshauptmann gewählt.

Auf Bundesebene befand sich die FPÖ seit 2000 ja in einer Koalitionsregierung mit der ÖVP unter Bundeskanzler Wolfgang Schüssel. Diese hatte, genau wie auch die Kärntner Landesregierung, vergebens beim Verfassungsgerichtshof eine abschlägige Bescheidung beantragt. Das ergangene Urteil, das mit der Veröffentlichung im Dezember 2001 Rechtswirksamkeit erlangte und nun von den Regierungen in Bund und Land umgesetzt werden musste, rief bei den Koalitionsparteien unterschiedliche Reaktionen hervor.

Natürlich ließ sich auf rechtlicher Ebene, in endgültiger Konsequenz nichts mehr ausrichten. Es ging für Haider wie auch für Bundeskanzler Wolfgang Schüssel daher einmal um Zeitgewinn. Schüssel kündigte Konferenzen mit allen beteiligten Parteien an, mit den Heimatverbänden und den Vertretern der Slowenenorganisationen. Es sollten also Einigungen erzielt werden, ohne dass der Streit um gesetzlich festzustellende Mindestprozentsätze erneut aufbrechen würde.

Jörg Haider ging noch einen Schritt weiter. Als Jurist stellte auch er die prinzipielle Entscheidung des Verfassungsgerichtshofes nicht in Frage, knüpfte die Umsetzung allerdings an eine eindeutige Minderheitenfeststellung. Demgegenüber forderten die Vertreter der Slowenen die flächendeckende Aufstellung von zweisprachigen Ortstafeln im gesamten Südkärntner Raum, also in mehr als 800 Ortschaften. Eine Minimallösung für die Slowenen wäre übrigens nach VfGH-Erkenntnis gerade einmal 394 Ortschaften mit zweisprachigen Ortstafeln gewesen.

Es ist klar, dass auf dieser Basis ein einvernehmliches Verhandlungsergebnis kaum möglich war. Die von Wolfgang Schüssel einberufenen Konsenskonferenzen scheiterten schon bald. Selbst ein als „Befreiungsschlag" gedachter Vorschlag des Bundeskanzlers, die Anzahl der bereits aufgestellten zweisprachigen Aufschriften in 74 Ortschaften auf doppelt so viele, also auf 148 Orte, auszudehnen, fand nicht den erforderlichen Anklang. Auch das Angebot zusätzlicher großzügiger finanzieller Förderungen slowenischer Kindergärten, Schulen, kultureller Einrichtung und Medien erreichte nicht das gewünschte Ziel der österreichischen Regierungsspitze.

Die Slowenenvertreter verließen, mit dem Druck der internationalen Medien gegen Österreich im Rücken, den Verhandlungstisch. Der Kärntner Heimatdienst warf ihnen in seiner Zeitung vom Oktober 2002 vor, nie an einem Konsens interessiert gewesen zu sein und auf ein „Slowenisch Kärnten" abzuzielen. Ähnlich kritisch reagierte der Kärntner Abwehrkämpferbund. Obmann Fritz Schretter befürchtete, dass sich der Verfassungsgerichtshof mit seiner „politischen Erkenntnis" zum *„Erfüllungsgehilfen national-slowenischer Bestrebungen"* gemacht hätte.

In der Frage der künftig neu zu gestaltenden Topographie vertrat der Abwehrkämpferbund die Position Jörg Haiders, der neue zweisprachige Ortstafeln von der zahlenmäßigen Feststellung der slowenischen

Volksgruppe abhängig machte. Der entsprechenden Weigerung brachten die Vertreter der Heimatverbände nur Kopfschütteln und Unverständnis entgegen: *„Wer jährlich massive öffentliche Förderungen erhält, muss sich in einem Rechtsstaat auch deklarieren. Das ist mehr als legitim"*, erklärte der Kärntner Abwehrkämpferbund seinen Standpunkt.

Der österreichische Bundeskanzler, der die Slowenenfrage zur „Chefsache" erklärt hatte, saß mit dem Druck internationaler Medien auf der einen Seite und den leidvollen innenpolitischen Erfahrungen von 1972 auf der anderen zwischen zwei Stühlen, was die Umsetzung der Erkenntnis des Verfassungsgerichtshofes betraf.

Dazu kam, dass der Koalitionspartner im Bund mit dem Kärntner Landeshauptmann einen Chef hatte, der es gewohnt war, eine eigenständige Politik zu verfolgen. Wie es für Politiker in Sackgassen üblich ist, versuchte es auch Schüssel mit „Auslagerung".

Er beauftragte den Historiker Stefan Karner damit Kontaktgespräche, sowohl mit Vertretern der Heimatverbände als auch mit jenen der Slowenorganisationen zu führen, um zu prüfen ob, und wenn ja, welche Kompromisse zur Lösung der Ortstafelfrage möglich wären. Diese Gespräche endeten schließlich im sogenannten „Karner Papier", das allerdings von der Kärntner Mehrheitspartei, Haiders BZÖ, und dem Abwehrkämpferbund abgelehnt wurde.

Der Vorschlag, den die sogenannte Konsensgruppe unter der Leitung Karners erarbeitet hatte, sah letzten Endes die stufenweise Aufstellung zweisprachiger Schilder in insgesamt 158 Kärntner Ortschaften vor. Diese lehnten die Aufstellung weiterer zweisprachiger

Ortstafeln mit der immer wieder erhobenen Forderung nach einer geheimen Erhebung der Muttersprache jedoch ab.

Der Abwehrkämpferbund blieb somit seiner Vereinssatzung treu, die Zugeständnisse über den Artikel 7 des Staatsvertrages hinaus nicht zuließ. Denn die Aufstellung zusätzlicher zweisprachiger Ortstafeln erforderte einen qualifizierten Mindestanteil von Slowenen in den jeweiligen Ortschaften. Und dazu hätte es einer verbindlichen Erhebung bedurft.

Der Kärntner Heimatdienst hatte mittlerweile einen anderen Weg eingeschlagen. Die jahrzehntelange Konfrontation mit den slowenischen Vertretungsorganisationen hatte sich mittlerweile zu *„einem Diskurs des Miteinanders"* entwickelt, wie Feldner es formuliert.

Der Kärntner Heimatdienst und sein Obmann sahen sich daraufhin teilweise recht untergriffigen Angriffen ausgesetzt. Den Vorwurf, der ständigen Auseinandersetzungen und Angriffen der zeitgeistigen Medien und Politiker müde geworden zu sein, lässt Josef Feldner nicht gelten.

Es sei an der Zeit gewesen, in neue Fahrwasser zu gelangen und Fortschritte in der Verständigung mit der slowenischen Volksgruppe zu erreichen, begründete er die Aufgabe der erstarrten Position. Und darüber hinaus dürfe auch nicht übersehen werden, dass sich mittlerweile das Bedrohungsszenario verändert habe. Die Bedrohungen wären jetzt ganz anderer Natur. Sie bestünden etwa in der unkontrollierten Zuwanderung aus aller Herren Länder mit völlig anderen Kulturen, Bräuchen und Religion, welche die Erhaltung Kärntens in seiner Einzigartigkeit betreffen würde.

Landeshauptmann Haider ging in seinem Widerstand aber noch einen Schritt weiter. Gemeinsam mit seinem Landesrat und späteren Nachfolger als Landeshauptmann, Gerhard Dörfler, grub er symbolhaft die Ortstafel von Bleiburg aus und setzte sie einige Zentimeter versetzt wieder ein. Damit, so Haiders Argument, wäre sie von der VfGH-Erkenntnis nicht betroffen, weil es sich nun um eine neue Ortstafel handeln würde, die es vor der Behandlung der Problematik durch den Verfassungsgerichtshof noch gar nicht gegeben habe.

Keine Frage, dass es Haider auch in diesem Fall ein Anliegen war, den hartnäckigen Bemühungen der Slowenen auf Schaffung eines dem Anschein nach slowenischen Teils Kärntens ähnliche Konsequenzen gegenüber zu stellen. Allerdings muss man an dieser Stelle wohl ins Treffen führen, dass diese symbolhafte Geste, wie viele der Aktivitäten Haiders, wohl auch der Aufmerksamkeit geschuldet war, die sie ihm im bevorstehenden Wahlkampf zur Nationalratswahl 2006 bringen sollte.

Ähnliches gilt natürlich auch für eine andere öffentlichkeitswirksame Aktion. Im August 2006 (es war längst bekannt, dass der „Verrückungsversuch" rechtlich nicht das gewünschte Ergebnis erzielen würde) ließ der Kärntner Landeshauptmann bereits errichtete zweisprachige Ortstafeln entfernen und ersetzte sie durch deutsche mit einer kleinen slowenischen Zusatztafel.

Drei Jahre später wurde auch diese Regelung vom Verfassungsgerichtshof aufgehoben. Haider brachten diese Aktionen zwar den Einzug des erstmals kandi-dierenden BZÖ in den Nationalrat, aber auch die Ankündigung eines Amtsenthebungsverfahrens. Von der neuen rot-schwarzen Regierung unter Alfred Gusenbauer wurde eine neue Gangart in der Kärnten-frage eingeschlagen. Die Justizministerin Maria Berger (SPÖ) nannte Haiders Vorgehen *„undemokratisch"* und wenig später ermittelte die Staatsanwaltschaft gegen Haider und Dörfler wegen Amtsmissbrauchs. Zwei Jahre später, 2009, ein Jahr nach dem Tod Jörg Haiders, wurde das Verfahren gegen Gerhard Dörfler eingestellt.

Auf Kärnten und Österreich wurde aber nicht nur von den nationalistischen Slowenen im Inland Druck aus-geübt. Dieser kam auch von dem seit 1991 von Jugosla-wien unabhängig gewordenen Staat Slowenien. Dieser war 2004 der EU beigetreten und fühlte sich bemüßigt, seinen neuen Status gleich mit Provokationen gegen-über seinem nördlichen EU-Nachbarn Österreich be-merkbar zu machen.

Die Europäische Union wird uns als das größte Frie-densprojekt aller Zeiten verkauft. Ohne sie gäbe es angeblich den nun schon 75 Jahre währenden kriegs-freien Zustand auf unserem Kontinent nicht. Wann immer den Eurokraten die Argumente dafür aus-gehen, dass über die Köpfe der Bürger hinweg Milli-arden Steuergelder verschleudert oder fragwürdige Regelungen getroffen werden, die die Mitgliedsstaaten immer stärker unter die Brüsseler Zentralverwaltung pressen, kommt diese Behauptung.

Als das wohl wesentlichste Integrationsinstrument wurde dafür die Gemeinschaftswährung, der Euro, geschaffen. Damit wurde die Geldpolitik der Mit-gliedsstaaten vergemeinschaftet und so dem Umverteilungsmechanismus innerhalb der europäischen Staaten Tür und Tor geöffnet. Die Eurostaaten haben damit die volkswirtschaftlichen Steuerungsmöglichkeiten aus der Hand gegeben und sich den Kräfteverhältnissen in der EU ausgeliefert.

Rein optisch soll der Euro als Symbol die Gemeinsamkeit aller teilnehmenden Staaten auf den ersten Blick zur Schau stellen. Bei den Münzen wird aber auch die Eigenart und Tradition der jeweiligen Mitgliedsstaaten zum Ausdruck gebracht. Da gibt es für die teilnehmenden Länder die Möglichkeit neben der gemeinsamen Ziffernseite auch eine individuelle Rückseite zu gestalten.

Österreich hat das mit landestypischen Pflanzen, wie dem Enzian, dem Edelweiß oder der Alpenprimel für die 1 Cent-, die 2 Cent- und die 5 Centmünze getan. Ferner mit Touristenattraktionen, wie dem Stephansdom (10 Cent), dem Belvedere (20 Cent) oder der Sezession (50 Cent) und mit berühmten österreichischen Persönlichkeiten, wie Wolfgang Amadeus Mozart auf der 1 Euromünze und der Friedensnobelpreisträgerin Berta von Suttner auf der 2 Euromünze.

Als nun Slowenien 2007 auch in die Eurozone aufgenommen wurde, suchte es gleich in zwei Fällen die Konfrontation. Es griff auf Motive zurück, die weniger dem jungen Staat Slowenien zuzurechnen sind, als vielmehr der alten österreichischen beziehungsweise Kärntner Geschichte entsprangen.

Es handelt sich dabei um die Auswahl bei der nationalen Gestaltung der slowenischen 2-Centmünze und der 20-Centmünze. Auf letzterer sind springende Pferde mit der Inschrift „Lipizanec", was Lipizzaner bedeutet, zu sehen.

Nun soll hier weder bestritten werden, dass Lipica im heutigen Slowenien liegt, noch dass es dort ein Pferdegestüt gab, das zu Zeiten der Habsburger-Monarchie Schimmel für die Spanische Hofreitschule züchtete. Sehr wohl zu unterscheiden ist, dass die Weltberühmtheit der Lippizaner nicht auf eine slowenische Tradition oder auch nur Initiative zurückzuführen ist, was eine Verwendung als slowenisches Symbol zumindest annähernd rechtfertigen würde, sondern ausschließlich auf österreichische. Ja, nicht einmal

Slowenische 20-Centmünze

die Abstammung der Pferde war und ist eine slowenische. Auch jene nicht, die im namensgebenden Ort in der Nähe von Triest gezüchtet wurden. Die stammen nämlich aus Spanien.

In den achtziger Jahren des 16. Jahrhunderts wurden neun Hengste und 24 Stuten aus Spanien erworben. Im Laufe der Jahre wurde der Bestand um Tiere aus Italien und Dänemark ergänzt, bis schließlich auch Araber in die Zucht eingebunden wurden. Die Rasse wurde „Spanische Karster" genannt, hatte aber mit den bodenständigen Karster Pferden nichts gemeinsam.

Unabhängig davon ist die Weltberühmtheit der Lipizzaner in ihrer Ausbildung und Verwendung in der Spanischen Hofreitschule begründet und die ist (seit 2015 immaterielles Weltkulturerbe) wohl unbestritten eine Österreichische Einrichtung, die Jahr für Jahr hunderttausende Besucher in die Wiener Hofburg locken. Die Inanspruchnahme der „Weißen Pferde" als Staatssymbol durch Slowenien ist also eine eindeutige

Provokation Österreich gegenüber. Eine Steigerung dieses Affronts gegen Österreich stellt allerdings die zweite Aneignung eines Symbols der österreichischen Geschichte durch Slowenien dar. Es ist der Fürstenstein, der auf der 2-Centmünze Sloweniens zu sehen ist. Der Fürstenstein ist der umgedrehte Basisteil einer römischen Säule, die in Virunum am Zollfeld[34] ausgegraben wurde. Auf der Oberfläche wurde im Mittelalter das Kärntner Wappen eingemeißelt. Er diente dem Ritual der Herzogseinsetzung in Kärnten.

Die erste urkundliche Erwähnung geht auf das Jahr 1161 zurück, in der er als „*sedes Karinthani ducatus*"

Slowenische 2-Centmünze

bezeichnet wird. Abt Johann von Viktring schildert die Einsetzung von Herzog Meinhard II. von Görz-Tirol in seinem *Liber certarum historiarum* im Jahr 1286. Meinhard wurde die Herrschaft von einem Bauern, der auf dem Fürstenstein saß, übertragen, nachdem dieser versprochen hatte, ein gerechter und guter Fürst für das Land sein zu wollen.

Slowenien beansprucht nun dieses erste Symbol eines demokratischen Aktes in unserem Lande für sich, indem es behauptet, es wären bereits die slawischen Fürsten um das Jahr 600 auf diese Art eingesetzt worden.

Allerdings ist wissenschaftlich erwiesen, dass sich die Herrschaft dieser karantanischen Fürsten nicht über die Karawanken nach Süden, also in das heutige

Fresco im Großen Wappensaal des Landhauses:
Die Einsetzung des Kärntner Herzogs auf dem Fürstenstein von
Ferdinand Fromiller (um 1740).

Slowenien, erstreckte. Darüber hinaus wurde nach wissenschaftlichen, archäologisch-bauhistorischen Untersuchungen (auch unter Beteiligung der Akademie der Slowenischen Wissenschaften) festgestellt, dass der Fürstenstein nicht karantanisch-slawischen Fürsten im 8. und 9. Jahrhundert zur Inthronisierung geholfen haben kann, da der Stein erst um das Jahr 1000 in Virunum ausgegraben und nach Karnburg[35], dem angegebenen Ort der Inthronisierung, gebracht wurde.

Der renommierte Historiker Heinz Dopsch[36] verneint ausdrücklich, dass die Karnburg jemals Sitz karantanischer Herrscher gewesen sein kann. Seinen Forschungen nach handelt es sich hier um das Beispiel einer Fluchtburg, die als „ottonische Großburg" (Herzogspfalz) anlässlich der Einrichtung des Herzogtums Kärnten (976) er- bzw. ausgebaut wurde.

Die versuchte Aneignung des Fürstensteins, dieses Kärntner Symbols, durch Slowenien stellt also genau das dar, als das es der ehemalige Kärntner

Kulturreferent Harald Dobernig formulierte: *„eine unglaubliche Unverfrorenheit"*.

Der damalige Landeshauptmann Jörg Haider reagierte auch postwendend auf diesen Affront. Er ließ den Fürstenstein aus dem Kärntner Landesmuseum in die Landesregierung holen und bildete ihn auf allen offiziellen Dokumenten und dem Briefpapier des Landes Kärnten als Symbol der Landesregierung ab[37].

Nach vier Monaten kam der Fürstenstein in den großen Wappensaal des Klagenfurter Landhauses. Das ist jener Ort, der vom Kärntner Geschichtsverein, der ihn 1862 erworben hatte, für ihn vorgesehen war.

Die Verwendung des historischen Kärntner Symbols auf der slowenischen Münze blieb allerdings bestehen, da halfen auch die heftigen Proteste Kärntens nichts. Wohl auch, da die damalige Regierung Gusenbauer die Kärntner Anliegen, die ja eigentlich auch ureigenste österreichische sind, in Brüssel nur sehr halbherzig vertreten hatte.

Es stellte sich im Nachhinein sogar heraus, dass der von Slowenien vorgelegte Entwurf für die Euromünzen vom zuständigen EU-Gremium mit Zustimmung des österreichischen Regierungsvertreters genehmigt worden war. Das ermutigte verständlicherweise die slowenischen Politiker. Sie versuchten sogleich noch eins drauf zu setzen und gingen einen Schritt weiter. Die slowenische Regierung hatte beschlossen die jeweiligen Drucksorten, wie Briefpapier oder Visitkarten jedes Ministeriums mit einem eigenen, einschlägigen Symbol zu versehen. Für das Amt des Ministerpräsidenten war als Symbol der Kärntner Fürstenstein vorgesehen.

Der Kärntner Landeshauptmann Jörg Haider sprach von einer *„untragbaren Provokation"* gegenüber seinem Bundesland und forderte die aus Kärnten stammende österreichische Außenministerin Ursula Plasnik (ÖVP) auf, bei der Laibacher Regierung *„gegen den Missbrauch des ältesten österreichischen Rechtssymbols einzuwirken".* Die slowenische Regierung ließ daraufhin von ihrem Vorhaben ab.

Die Vermutung, dass es sich bei dieser Provokation gegen den ungeliebten österreichischen Nachbarn um einen Akt handelte, der zur Befriedigung des Selbstbewusstseins des jungen Staates und seiner Bevölkerung dienen sollte, oder um eine nationalistische Profilierung ehrgeiziger Politiker ihren Wählern gegenüber, ist möglich, dürfte aber zu wenig tief greifen.

Da steckt durchaus Methode und Strategie dahinter. Mit der Inanspruchnahme Kärntner Symbole für den gerade erst selbständig gewordenen Staat wird letzten Endes auch die weiterhin aufrechterhaltene Begierde nach Kärntner Hoheitsgebiet offenkundig. Dies umso mehr, als mit dem Beitritt Sloweniens zur Europäischen Union (2004) und in weiterer Folge zum sogenannten Schengenraum (2007) die Grenzkontrollen wegfielen. Damit beschränkt sich für Reisende der erkennbare Verlauf der Inner-EU-Grenze zwischen den beiden Staaten lediglich auf eine Verkehrstafel im Loibl- und im Karawankentunnel.

Andere Merkmale der staatlichen Zugehörigkeiten treten nunmehr für Außenstehende in den Vordergrund. Dazu gehören in erster Linie die zweisprachigen Ortstafeln, aber auch der Fürstenstein. Außenstehende beziehungsweise historisch weitgehend uninteressierte Gäste unseres Landes könnten, wenn sich das Bewusstsein über die Grenzziehung mit zunehmender Dauer immer weiter verwischt, falsche Schlüsse ziehen. Nämlich dann, wenn sie im Klagenfurter Wappensaal den Fürstenstein besichtigen, mit der Abbildung auf den Münzen in ihrer Brieftasche vergleichen und territoriale Zusammenhänge herstellen.

Zugegeben, dies mag eine gewagte These sein, die heute etwas weit hergeholt erscheint, aber durchaus als ein Puzzleteil zu sehen ist, das mit anderen (und noch künftig zu erwartenden) ein Bild ergeben könnte und nach slowenischer Absicht wohl auch soll. Eines wohlgemerkt, das genau jenen slowenisch-nationalistischen Kräften bei uns und in Slowenien in die Tasche arbeitet, welche noch immer nicht bereit sind, jene historischen Gegebenheiten, die mit dem Kärntner Abwehrkampf und der Volksabstimmung 1920 für Kärnten und Österreich errungen wurden, anzuerkennen.

Es ist klar, dass Personen und vor allem Spitzenpolitiker mit Heimatbewusstsein und traditioneller Werteauffassung einem Trommelfeuer der linken Meinungsmache und immer weitergehenden zeitgeistigen Gemeinheiten ausgesetzt sind. Da sind Charaktereigenschaften zum Bestehen notwendig, die weit über normales Selbstbewusstsein und unbeugsamer Zielstrebigkeit hinausgehen.

Doch Jörg Haider kümmerte sich um Proteste von linker Seite wenig, auch wenn sie noch so untergriffig und ungerecht waren. Im Gegenteil, sie wirkten wie ein Sprungbrett für seine Bemühungen, um das Interesse der Öffentlichkeit verstärkt auf sich zu lenken.

In dieser Richtung wirkte auch eine Denkmalenthüllung im September 2007 außerhalb Kärntens, aber mit einem starken Kärnten-Bezug. Neumarkt in der Steiermark war lange Jahre der Wirkungsort von Agnes Millonig, der Schöpferin der vierten Strophe des Kärntner Heimatliedes. Millonigs Eltern stammten aus Kärnten, übersiedelten aber aus Broterwerbsgründen (der Vater war Bergknappe) nach Eisenerz, wo Agnes 1884 zur Welt kam. Sie selbst wurde Lehrerin mit einer stark ausgeprägten dichterischen Ader und unterrichtete in der Volksschule von Neumarkt.

Jörg Haider, 2006[41]

Sie wurde aber nicht nur als Pädagogin und Dichterin geschätzt, sondern auch ob ihrer Bemühungen für Kinder aus armen Familien. Für diese hatte sie während ihrer Tätigkeit als Lehrerin eine Suppenküche eingerichtet, um der ärgsten Not, zumindest im Rahmen ihrer Möglichkeiten, Abhilfe zu leisten.

All das hinderte die linken Kolonnen nicht, gegen die Ehrung der Frau mobil zu machen. Bereits zwei Jahre zuvor hatten das Mauthausen-Komitee und die Sozialistische Jugend den Vorschlag der Kärntner Landsmannschaft, Agnes Millonig eine Gedenktafel zu widmen, unterlaufen. In der linken Leitpostille „Der Standard" warf man der Dichterin vor, eine Sympathisantin des NS-Regimes gewesen zu sein. Dies weil sie 1938 mit ihrem Gedicht *Das heilige Ja* die Österreicher aufgefordert haben soll, für den Anschluss zu stimmen. Was die Autoren der linken Hetzartikel an dieser Stelle allerdings verschwiegen, war, dass der einstige Staatskanzler und spätere SPÖ Bundespräsident Karl Renner, genau wie andere prominente Österreicher des öffentlichen Lebens und der Kunstszene, ebenfalls diese Empfehlung abgegeben hatten. Und die Denkmäler, Straßenbezeichnungen und sonstigen Ehrungen für diesen „SPÖ-Anschlussbefürworter" im heutigen Österreich sind zahlreich und standen nie, auch nur ansatzweise im Kreuzfeuer der Kritik linker Hetzartikel. Die politische Akademie der SPÖ heißt heute noch „Karl Renner Institut" und wenn diese Gralshüter des Antifaschismus nichts daran auszusetzen haben, dass ihr Namensgeber damals empfohlen hatte, für „Ja" zu stimmen, wer ist es dann, der sich anmaßt, dies im Falle von Agnes Millonig zu tun?

Die Schockstarre aber dauerte immerhin zwei Jahre. Die Initiatoren hatten sich nicht träumen lassen, dass von linker Seite gegen eine nachweislich sozial engagierte Frau derartige untergriffige Anwürfe passieren könnten. Nun aber, 45 Jahre nach ihrem Tod, wurde im September 2007 ein neuerlicher Anlauf unternommen, der Kärntner Patriotin die längst verdiente Ehrung zukommen zu lassen.

Die Kärntner Landsmannschaft hatte sich der Mitwirkung des Kärntner Landeshauptmannes Jörg Haider versichert der auch sofort bereit war, gemeinsam mit dem Bürgermeister von Neumarkt Reinhard Racz und dem Chef der Kärntner Landsmannschaft Heimo Schinnerl die Gedenktafel an der heute zum Museum umfunktionierten ehemaligen Volksschule zu enthüllen.

Natürlich kam es auch in diesem Jahr wieder zu heftigen Protesten der Sozialistischen Jugend: Sogenannte Aktivisten forderten unter anderem bei ihrer Protestdemonstration mit Transparenten *„Ortstafeln statt Gedenktafeln"* und skandierten Hassparolen, die Agnes Millonig als Parteigängerin der Nationalsozialisten beschimpfen sollten.

Der Standfestigkeit Haiders ist es zu verdanken, dass all das nichts nützte. Einzig „Der Standard" schaffte es noch mit einer Anfrage an den damaligen SPÖ Verteidigungsminister Norbert Darabos zu verhindern, dass, entgegen der ursprünglichen Zusage, bei dem Festakt in Neumarkt eine Musikkapelle des österreichischen Bundesheeres mitwirken konnte.

Die Haltung Haiders in der Ortstafelfrage blieb bis zu seinem Tod unverändert. Er sah vor allem die Kärntner Bevölkerung hinter sich. Nur wenige Tage vor seinem Tod erklärte er gegenüber der „Kärntner Woche" bezugnehmend auf die Nationalratswahl vom 1. Oktober 2008: *„Wir haben keinen Handlungsbedarf. Die Kärntner Bevölkerung ist zufrieden. Die Zustimmung zu Herrn Vouk bei der NR-Wahl mit 1,4 Prozent ist eine Minderheitenfeststellung*[38]*. Ich bin sicher, dass die Volksgruppe viel größer ist, aber sie will sich nicht von einem Radikalen führen lassen. Die Ortstafelfrage ist für mich gelöst."*

Am 10. Oktober, bei seinen letzten großen Auftritten im Rahmen der Feiern zum Kärntner Landesfeiertag, warnte er die Slowenischen Nachbarn ein letztes Mal vor dem „Zündeln in der Ortstafelfrage". Das würde das friedliche Miteinander in Kärnten gefährden.

In der Nacht vom 10. auf den 11. Oktober starb Haider bei einem Autounfall. Der genaue Hergang und auch die Ursache für den hohen Alkoholspiegel in Haiders Blut ist bis heute nicht geklärt. Einem medizinischen Gutachten zufolge korrespondiert der gemessene Blutalkoholspiegel nicht mit dem bei der Obduktion erhobenen Mageninhalt.

Der ehemalige Oberrabbiner der „Antizionistischen Orthodoxen Jüdischen Gemeinde Wiens", Moishe Friedmann, veröffentlichte 2019 ein Buch mit dem Titel: „Der Rabbi, der Mossad und die Ermordung Jörg Haiders".

11. Die Zwänge des Peter Kaiser

In der Ortstafelfrage herrschte seit 2011 „Konsens". So wird es zumindest von der Politik und den Beteiligten an der Herstellung dieser Übereinkunft zum Ausdruck gebracht. Unter der politischen Leitung des damaligen Staatssekretärs Josef Ostermayer (SPÖ) und des Kärntner Landeshauptmanns Gerhard Dörfler hatten sich Josef Feldner vom Kärntner Heimatdienst, die Slowenenvertreter Marjan Sturm und Bernard Sadovnik sowie der langjährig mit dem Konflikt beschäftigte ehemalige Chefredakteur der Kleinen Zeitung Heinz Stritzl unter der Moderation von Stefan Karner geeinigt.

Von dem „Konsens" waren 164 Orte betroffen. Zu den Ortschaften, in welchen bereits seit 1977 zweisprachige Ortstafeln aufgestellt worden waren, kamen noch 21 Orte aufgrund von Entscheidungen des Verfassungsgerichtshofs und 53 Orte, die einen Anteil von mindestens 17,5 Prozent slowenisch sprechender Bevölkerung bei der Volkszählung 2001 aufwiesen.

Silbernes Ehrenzeichen der Republik für die Konsensgruppe und
Valentin Inzko (1.v.l). Dann Heinz Stritzl, Bernard Sadovnik,
Staatssekretär Josef Ostermayer, Josef Feldner, Marjan Sturm.

Die „Einigung", die letzten Endes ohne Zustimmung
des Abwehrkämpferbundes und des Rats der Kärntner
Slowenen erfolgte, führte schließlich zu zahlreichen
Festakten und auch zu Auszeichnungen des offiziellen
Österreich. Stefan Karner erhielt das Große Ehrenzei-
chen der Republik Österreich, Josef Ostermayer den
Kärntner Landesorden in Gold und als „besondere
Auszeichnung" einen Kärntner Anzug. Feldner, Stritzl,
Sturm und Sadovnik wurden mit dem Silbernen Ehren-
zeichen der Republik ausgezeichnet.

Soweit so gut! Aber ist damit der Konflikt mit der slowenischen Minderheit endgültig vom Tisch? Das hängt
wohl weitgehend von der Politik und den ideologischen
Denkrichtungen der Politiker ab. Und diesbezüglich
werden wir uns noch auf einiges gefasst machen müssen.

Bereits mit der Übernahme der Regierungsgeschäfte
durch die SPÖ und Peter Kaiser als Landeshauptmann
von Kärnten ließ sich ein deutliches „Umdenken" in der

Landesführung ausmachen. Vor allem der Umgang des neuen Landeshauptmannes mit der Kärnten Traditionspflege gibt zu denken.

Mag es auch in dieser schnelllebigen Zeit durch die Pflege hedonistischer und materieller Werte und mit zeitgeistigen Erscheinungen, wie dem Hochspielen des Genderdenkens und der so genannten „political correctness", unmodern geworden sein, sich auf Traditionen, Brauchtum und auf nationale Zusammengehörigkeit zu besinnen, im Land Kärnten gehen die Uhren diesbezüglich anders.

Wie zuvor geschildert, ist dafür die Besonderheit seiner Geschichte und die weit höhere Anteilnahme breiter Teile der Bevölkerung an dieser verantwortlich. Politiker, die in Kärnten Anerkennung und auch politischen Erfolg finden wollen, dürfen das nicht vergessen. Der jetzige Landeshauptmann, Peter Kaiser wollte jedenfalls schon bei seinem Start im März 2013 Signale setzen, allerdings nicht gerade auf die glücklichste Art und Weise.

Kaiser ist ein klassischer Parteikarrierist. Er begann seine politische Laufbahn 1981 als Vorsitzender der Sozialistischen Jugend in Kärnten, wurde Gemeinderat von Klagenfurt, dann Landtagsabgeordneter der SPÖ und 2005 deren Klubobmann. Drei Jahre später rückte er in die Landesregierung auf und wurde 2013 nach erfolgreicher Landtagswahl schließlich Landeshauptmann. Sein Vorgänger Gerhard Dörfler und dessen Partei waren mit dem sogenannten Skandal um die Landesbank Hypo-Alpe-Adria in Verbindung gebracht worden und hatten die erste Position verloren. Möglicherweise um den von der Kärntner Konsensgruppe eingeschlagenen Weg zu unterstreichen, hielt er seine Antrittsrede als neu gewählter Landeshauptmann auszugsweise in slowenischer Sprache. Ein Signal das vor ihm noch keiner, auch nicht einer der bis dahin gewählten SPÖ Landeshauptleute, setzen wollte.

Prinzipiell ist gegen die Mehrsprachigkeit eines Politikers ja nichts einzuwenden, als Kärntner Landeshauptmann allerdings sollte man sich jedoch der Sensibilität dieses Themas bewusst sein, die auch nachwievor in breiten Teilen der Kärntner Bevölkerung vorhanden ist. Selbst wenn das Multikulti-Denken in Kärnten, vertreten durch den „Konsens-Slowenen" Marjan Sturm, auch der deutschen Mehrheit noch eine Existenzberechtigung zugesteht, gibt es offizielle Politverteter Sloweniens, die das nicht so sehen.

Da sei auf den slowenischen Generalkonsul in Klagenfurt, Jozef Jeraj, verwiesen. Dessen Tagebuch aus seiner Zeit in Klagenfurt spricht Bände. So hielt er beispielsweise fest, dass seine Söhne offenbar nicht ganz so fremdsprachenbegeistert waren, wie es der heutige Landeshauptmann zu sein scheint. Sie waren angeblich darüber entsetzt, als sie in den slowenischen Schulen Klagenfurts[39] feststellen mussten, dass die Schüler dort untereinander deutsch sprachen. Und der Herr Konsul beklagt an gleicher Stelle, dass es sehr schwer war, seinen Nachwuchs zu motivieren, Deutsch zu lernen, da sie *„diese Sprache nicht besonders mögen"*.

Dies allerdings ist eigentlich nur zu verständlich, wenn man an anderer Stelle zur „Beurteilung" der Deutschen lesen kann: *„Die slawische Seele unterscheidet sich von der germanischen, sie ist weniger stolz, weniger arrogant, weniger zynisch"*. Also „moralisch wertvoller und alles in allem einfach edler", ist man versucht an dieser Stelle zum besseren Verständnis hinzuzufügen. Jeraj zielt also darauf ab, nach seinem Verständnis ethnische Differenzen herauszustreichen, die, von einem Deutschen mit umgekehrten Vorzeichen geäußert, wohl lauthals als übelste rassistische Verstöße gebrandmarkt worden wären. Damit aber nicht genug, schreckte der offizielle Vertreter der Republik Slowenien in Klagenfurt nicht einmal davor zurück, slowenische Gebietsansprüche auf Kärnten auszurichten, wenn er den slowenischen Schriftsteller Vinko Oslak zitiert: *„In Kärnten fühle ich mich wie in der Heimat, denn Slowenien hört schließlich nicht auf dem Loibl auf."*

Ebenso wenig gibt es im Verständnis des Generalkonsuls Jeraj eine territoriale Zuordnung der Kärntner-Slowenen als österreichische Volksgruppe und daher auch eine folgende Loyalität Österreich gegenüber, wohl aber eine gegenüber dem slowenischen Staat. Die Kärntner Slowenen seien, so Jeraj *„nur als Teil des Slowenentums"* zu sehen und nicht als *„eigenständiges Subjekt"*. Demzufolge hätten sie auch *„Verantwortung gegenüber dem Slowenischen Staat"*.

Er findet sich damit auf einer Linie mit dem ehemaligen slowenischen Parlamentspräsidenten Marijan Podobnik der im slowenischen Kulturhaus in Bleiburg erklärte, nur jene Programme der Kärntner Slowenen unterstützen zu wollen, die *„das slowenische Volksbewusstsein"* stärken würden.

Wer meint, diese Haltung des offiziellen Sloweniens gehöre der Vergangenheit an, der irrt. Als die Kärntnerin und erfolglose LIF-Wahlkampfleiterin Angelika Mlinar im Dezember 2019 zur slowenischen Ministerin gewählt wurde, hatte der slowenische Ministerpräsident Marjan Sarec erneut die Einheit Kärntens und die

Kärntner Volksabstimmung in Frage gestellt. Wörtlich hatte er sie als *„Tücke der Geschichte"* bezeichnet, die dazu geführt habe, dass Mlinar als Österreicherin und nicht als Slowenin geboren wurde.

In diesen Stellungnahmen offizieller slowenischer Stellen wird ganz eindeutig auf die politische Einheit der österreichischen Volksgruppe mit dem Staatsvolk Sloweniens gepocht. Stellt man dem die bewusste Anbiederung des (der deutschkärntnerischen Mehrheitsbevölkerung angehörigen) Landeshauptmannes gegenüber, kann man als Außenstehender durchaus einen verheerenden oder gar falschen Eindruck der Verhältnisse in Kärnten bekommen.

Kaisers Liebdienerei der slowenischen Minderheit gegenüber ging aber noch einen bedeutenden Schritt weiter. Bereits im Herbst 2013, bei den Feiern zum 10. Oktober, also nur ein halbes Jahr nach seiner Angelobung, setzte er zur Überraschung der meisten Kärntner einen weiteren Höhepunkt im Brechen althergebrachter Kärntner Traditionen.

Die im Kärntner Landesgesetz von 1966 rechtlich verankerte Hymne durfte bei den offiziellen Feiern nur mehr mit ihrer ersten Strophe gesungen bzw. gespielt werden. Den weiteren „Tabubruch" – der in der Kärntner Presse auch als solcher bezeichnet wurde – beging Kaiser, als er zu den Feierlichkeiten des 10. Oktober nicht im Kärntner Anzug erschien. Darauf angesprochen rechtfertigte er sich, dass er das nicht brauche, denn *„er trage Kärnten im Herzen"*.

Wie glaubhaft diese Äußerung des Landeshauptmannes zu werten ist, möge jeder selbst entscheiden. Allerdings offenbart diese „Herzensangelegenheit" die krasse Unkenntnis Peter Kaisers, was die Aufgabe eines Landeshauptmannes anbelangt. Gerade am Landesfeiertag steht das politische Oberhaupt im Zentrum des Interesses und hat das zu repräsentieren, wofür das Land steht. Hier ist das auch nach außen hin erkennbare Bekenntnis zur Eigenheit, Geschichte und Brauchtum Kärntens und damit auch zu seinen Symbolen erforderlich.

Im Falle des Kärntner Anzugs kann auch für extreme Linke kein wie auch immer gearteter Bezug zu na-

tionalistischen oder gar nationalsozialistischen Hintergründen hergestellt werden. Der Kärntner Anzug wurde, wie bereits erwähnt, schon 1910 von der Kärntner Landsmannschaft als „Kärntner Gwand" in seiner auch heute noch gültigen Erscheinungsform eingeführt. Nur ein Jahr später wurde die Tracht von der Kärntner Landesregie-

Landeshauptmann Peter Kaiser (SPÖ) bei einer Angelobung, freilich ohne Kärntner Anzug[42]

rung per Dekret, mit dem Ziel der Stärkung des Landesbewusstseins, zur offiziellen Landestracht für Männer erklärt. Der Umkehrschluss bedeutet also, dass das Nichttragen der Landestracht durch Organe des Landes, an allererster Stelle des Landeshauptmannes eine Schwächung des Landesbewusstseins zur Folge hat.

Der „zivile" Auftritt Kaisers bei der Feier des 10. Oktober in Klagenfurt, bei der er auch wieder seine slowenischen Sprachkenntnisse zum Besten gab, regte nicht nur die Kärntner Bevölkerung auf, sondern auch diverse Politikerkollegen. So nahm die FPÖ nur unter Protest an den Feierlichkeiten teil. Der Klagenfurter Bürgermeister Christian Scheider fasste zusammen: *„Es soll jeder anziehen was er will, aber an manchen Tagen sollte man unsere Kärntner Kultur hochhalten."*

Der Kärntner Anzug in der Vorlage des Malers Leopold Resch (1911)

Wenn der Kärntner Landeshauptmann nun Scheu davor zu haben scheint, es seinen Landsleuten gleich zu tun und sich zu festlichen Gelegenheiten mit dem Tragen der symbolträchtigen Kleidung zu seinem Land zu bekennen, dann wirft das ein Licht auf die Wertigkeit in seiner Geisteshaltung. „Schaut her!", drückt er damit aus, „ich, der höchste Repräsentant des Landes, sage mich los von eurer Tradition."

Dieser Umgang mit den Symbolen und Bräuchen ließ sich in einem Land wie Kärnten nicht durchhalten, zumindest nicht in diesem Umfang. 2014, ein Jahr später, wurde die Hymne wieder intoniert, wie es vor Kaiser üblich war, mit ihrer ersten und auch wieder mit der vierten Strophe. Der weiterhin „zivile" Landeshauptmann Kaiser ließ sich aber etwas Neues einfallen. Nachdem das mit dem „einfach Weglassen" nicht recht geklappt hatte, fügte er Neues hinzu. Bei den Feiern im Landhaushof trat ein slowenisch-deutscher Gemeinschaftschor auf, der eine slowenisch-deutsche

„Versöhnungshymne" mit dem deutsch-slowenischen Titel *Kärnten/Koroska* vortrug. Verwunderung und auch Verärgerung herrschte unter den Festgästen; Bewunderung kam von der Präsidentin des Bundesrates Ana Blatnik. Von ihr, einer Absolventin des slowenischen Gymnasiums in Klagenfurt, ist die philosophische Weisheit überliefert: *„Wenn das Gemeinsame vor das Trennende gestellt wird, ist das eine Voraussetzung für die Versöhnung".*

Für Peter Kaiser war das allerdings noch nicht „Gemeinsames" genug. Unmittelbar nach seinem Wahlsieg 2018 nahm er seinen Kampf gegen die vierte Strophe der Landeshymne wieder auf. Die *„martialische Manier"*, in der der Abwehrkampf seinerzeit Einzug in die Kärntner Landeshymne genommen hatte, war dem gerne als „linksintellektuell" bezeichneten Sozialdemokraten immer noch ein Dorn im Auge.

Und da es sich alleine schwer kämpft brauchte Kaiser Verbündete. Am besten solche, die der weltoffenen, toleranten Sorte der „Linksintellektuellen" zuzurechnen waren. Und siehe da, Unterstützung eilte im Frühjahr 2018 auch herbei. Und zwar in Person des Rektors der Klagenfurter Alpen-Adria-Universität, Oliver Vitouch.

Der Inhaber des Lehrstuhls für Allgemeine Psychologie forderte in der Kleinen Zeitung Klagenfurt die Streichung der aktuellen vierten Strophe des Kärntner Heimatliedes und den Ersatz mit einer neuen, die Kärnten als Teil eines vereinten friedlichen Europas besingen solle. Diese solle *„für Offenheit, Toleranz und eine zeitgemäße Identität Kärntens stehen".*

Allein seine Begründung für die Abschaffung der aktuellen 4. Strophe – *„Ich bin der Meinung, dass wir* *heute nicht mehr mit Blut Grenzen schreiben*" – zeugt von der Unkenntnis über Entstehung, Sinn und Wesen von Symbolen einer Gemeinschaft, in diesem Fall eines österreichischen Bundeslandes.

Die Ohrfeigen auf politischer Ebene kamen auch postwendend: *„Wenn selbsternannte linke Vordenker wichtige Dinge überhaupt aus dem Landesgedächtnis streichen wollen, bekommt diese Ignoranz gegenüber der eigenen Geschichte eine neue bedenkliche Dimension"*, kritisierte beispielsweise etwa der freiheitliche Landeschef Gernot Darmann.

Vitouch ruderte (wohl auf Weisung von Peter Kaiser) zurück und schwächte ab: *„Man könne gegebenenfalls auch eine 5. Strophe hinzufügen"*, wie er später meinte. Ein Vorschlag, dem dann ganz „offiziell" auch Peter Kaiser *„einiges abgewinnen"* konnte. Die Proteste, vor allem der Heimatverbände aber auch des Kärntner Volkes[40], ließen nicht auf sich warten. Die Diskussion verlief sich jedoch im Sand. Spätestens bei der 100-Jahresfeier werden wir sehen, was wir noch an Überraschungen seitens der Kärntner Landesregierung und von Peter Kaiser im Besonderen zu erwarten haben.

Oliver Vitouch bekam zwar keine neue Strophe, dafür aber das große Goldene Ehrenzeichen des Landes Kärnten.

So ist es eben: Politiker mit ihren ideologische Vorlieben kommen und gehen. Sie sind temporäre Erscheinungen, genau wie die zeitgeistigen Strömungen, die sie nach oben gespült haben. Bestand haben werden letzten Endes die mit dem Heimatboden verknüpften, in den Herzen der Bürger verwachsenen Werte und Symbole eines Volkes.

Dies umso mehr, wenn solch hohes Gut im Zusammenhalt, unter Kampf und Aufopferung errungen wurden: Mit „Mannesmut und Frauentreu" eben.

Oder sollte man lieber zeitgeistig abwandeln: „Mit Frauenmut und Männertreu"?

Endnoten

1 Wenger ist eine alt eingesessene Klagenfurter Lebensmittelmanufaktur, die seit 1886 Senf erzeugt und verkauft.

2 Der Begriff „Kärntner Freiheitskampf" beschreibt nach gängiger Auffassung den Kärntner Abwehrkampf von 1918 bis 1920 und die Kärntner Volksabstimmung vom 10. Oktober 1920.

3 Woodrow Wilson war der 28. Amerikanische Präsident. Er gewann die Wahl mit dem Versprechen, die USA aus dem 1. Weltkrieg herauszuhalten. Ein Monat nach seiner Angelobung am 4. 3. 1917 erklärte er den Mittelmächten den Krieg. Im Jänner 1918 stellte er sein 14 Punkteprogramm mit dem Selbstbestimmungsrecht der Völker und der Gründung des Völkerbundes vor. 1919 erhielt er den Friedensnobelpreis.

4 SHS steht für *Kraljevstvo Srba, Hrvata i Slovenaca*, zu Deutsch: Königreich der Serben, Kroaten und Slowenen.

5 In zahlreichen Städten Kärntens erinnert der jeweilige Dr.-Arthur-Lemisch-Platz (z. B. in Klagenfurt, Spittal an der Drau) oder die Arthur-Lemisch-Straße (z. B. in Sankt Veit an der Glan, Villach) an den Politiker. Seine Schülerverbindung p.c.B! Tauriska Klagenfurt setzte ihm 1978 auf dem Klagenfurter Dr.-Arthur-Lemisch-Platz einen Gedenkstein. Dieser wurde bereits vor Jahren bei der Schneeräumung beschädigt und harrt seither seiner Wiederaufstellung (der Grund sind angeblich Streitigkeiten wegen des Standorts).

6 Ludwig Hülgerth war Sohn eines k.u.k. Majors, stieg selbst im 1. Weltkrieg zum Oberstleutnant auf und wurde im November 1918 zum Landeskommandanten von Kärnten ernannt. Als solcher war er der militärische Oberkommandant des Kärntner Abwehrkampfes. Ihm zu Ehren gibt es in Völkermarkt eine Ludwig-Hülgerth-Straße, in Maria Saal eine Hülgerth-Straße, in Klagenfurter einen Hülgerth-Park, in Graz eine Ludwig-Hülgerth-Gasse.

7 Hans Steinacher war als Freiwilliger 1914 der k.u.k. Armee beigetreten. Er rüstete als Oberleutnant ausgezeichnet mit

der goldenen Tapferkeitsmedaille ab. Heimgekehrt nach Kärnten wurde er zum „Kämpfer für Kärntens Freiheit" im Abwehrkampf. Als Geschäftsführer des 1920 gegründeten Kärntner Heimatdienstes erwarb er sich als geistiger Motor historische Verdienste um die Vorbereitung und Durchführung der Volksabstimmung Bei der Einweihung des Steinacher-Denkmals in Völkermarkt fünf Jahre nach seinem Tod, am 2. Mai 1976 sagte der Ortsgeistliche: „Hans Steinacher lebt in unserem Herzen weiter als der Andreas Hofer unserer Kärntner Heimat!"

8 Selbst für die Auszählung der rund 37.000 Stimmen benötigte man damals drei Tage. Erst am 13. Oktober um 18.30 verkündeten 16 Böllerschüsse vom Turm der Klagenfurter Stadtpfarrkirche, dass das Ergebnis der Volksabstimmung vorlag.

9 Albert Peter-Pirkheim war zu Kriegsende Stabschef bei der Marine. Er gilt als diplomatischer Wegbereiter der Volksabstimmung. Bereits im Jänner 1919 überredete er den amerikanischen Oberstleutnant Sherman Miles zu einer Rundreise durch die vom SHS-Staat besetzten Gebiete und bewirkte den Meinungsschwenk der Amerikaner, die sich fortan für die Karawankengrenze und die Volksabstimmung stark machten. Im Mai 1920 schließlich ernannte ihn Staatskanzler Renner zum österreichischen Vertreter in der Abstimmungskommission. Zum vierzigsten Jahrestag der Volksabstimmung 1960 setzte ihm sein Heimatort Krumpendorf ein Denkmal.

10 Als am 20. Juli 1919 der endgültige Entwurf des Friedensvertrages von St. Germain mit der darin festgesetzten Volksabstimmung in Kärnten dem österreichischen Staatskanzler Renner übergeben wurde, hatte man womöglich mit Absicht darauf „vergessen" der alliierten Kommission in Klagenfurt die Verwaltung des Abstimmungsgebietes zu übertragen.

11 Zu den Österreich freundlich gesinnten Familien gehörten im Abstimmungsgebiet vor allem die Windischen. Sie sprechen eine dem Slowenischen sehr ähnliche Sprache und waren auch damals alles andere als Nationalslowenen.

Ihre Stimmen, so sind alle Autoren überzeugt, haben letzten Endes den Ausschlag für Österreich gegeben.

12 Josef Friedrich Perkonig, 1890 als Sohn eines slowenischsprachigen Büchsengraveurs geboren, war Schriftsteller, Dramatiker und Lehrer. Er nahm selbst am Abwehrkampf teil und erhielt zahlreiche Auszeichnungen, wie unter anderen den österreichischen Staatspreis für Literatur. Er starb 1959 in Klagenfurt. Seine Heimatstadt Ferlach errichtete ihm einen Gedenkstein am Hauptplatz und brachte an seinem Geburtshaus eine Gedenktafel an.

13 Switbert Lobisser (1878–1943) war Benediktinermönch im Stift St. Paul im Lavanttal. Er wirkte als Maler und Holzschneider, schuf aber auch Plastiken und Skulpturen. Für die evangelische Kirche in Bad Kleinkirchheim zeichnete er als Architekt verantwortlich.

14 Die Carinthia ist die älteste auch heute noch regelmäßig erscheinende Zeitschrift Österreichs. Seit 1891 wird sie getrennt, als Carinthia 1 vom Kärntner Geschichtsverein, der auch die Nummerierung der alten Carinthia fortführt, und als Carinthia II vom Naturwissenschaftlichen Verein herausgegeben.

15 Johann Nepomuk Thaurer Ritter von Gallenstein wurde in Judenburg geboren und studierte Rechtswissenschaften in Graz. Sein poetisches Werk umfasst 20 Balladen und 33 Erzählungen. Wie die Kärntner Hymne ist auch allgemein die Dichtung Gallensteins bildreich, blumenhaft und von Vaterlandsliebe getragen.

16 Die Kärntner Landsmannschaft feiert 2020 ihr 110-jähriges Bestehen; sie wurde am 19. Februar 1910 gegründet. Ihr erster Obmann war Freiherr Walther von Sterneck, der heutige (2020) Obmann ist Dr. Heimo Schinnerl.

17 Im Versailler Vertrag wurde das Saarbecken als Mandatsgebiet dem Völkerbund auf 15 Jahre übertragen und fremder Verwaltung unterstellt. Danach war ein Volksentscheid über seine staatliche Zugehörigkeit abzuhalten. Bis dahin blieb es völkerrechtlich Teil des Deutschen Reichs. Frankreich erhielt als Beitrag zur

wirtschaftlichen Wiedergutmachung seiner Kriegsschäden das Eigentum an den Steinkohlegruben und deren alleinige Ausbeutung.

18 Uraufgeführt bei der 10. Oktoberfeier 1998 im Volkshaus Auhof-Dornach in Linz vom Männergesangsverein Harmonie Berg im Drautal, dem Männergesangsverein der Kärntner Landsmannschaft Linz, sowie dem Verfasser der fünften Strophe, Klaus Kovsca.

19 Die Konferenz von Jalta war ein diplomatisches Treffen der alliierten Staatschefs Franklin D. Roosevelt (USA), Winston Churchill (Vereinigtes Königreich) und Josef Stalin (UdSSR) in dem auf der Krim gelegenen Badeort Jalta vom 4. bis zum 11. Februar 1945. Themen der Konferenz waren vor allem die Aufteilung des Deutschen Reiches, die Machtverteilung in Europa nach dem Ende des Krieges und der Krieg gegen das Japanische Kaiserreich.

20 Dort nahm im Mai 2009 erstmals auch ein Vertreter der slowenischen Volksgruppe, Marjan Sturm, an dem Totengedenken bei dem vom Kärntner Heimatdienst errichteten Gedenkkreuz für die verschleppten und ermordeten Kärntner teil.

21 Das Kanaltal (heute Val Canale) war Teil des Kronlands Herzogtum Kärnten und reichte von der heutigen Grenzstadt Tarvis (Tarvisio) bis zum 23 km südlicher gelegenen Pontafel (Pontebba). Es wurde im November 1918 von italienischen Truppen besetzt und 1919 Italien als Kriegsbeute zugeschrieben.

22 Landeshauptmann Ferdinand Wedenig (SPÖ) hatte 1947 seinen Parteikollegen Hans Piesch als Landeshauptmann von Kärnten abgelöst und dieses Amt viereinhalb Perioden lang bis 1965 ausgeübt. Ursprünglich hatte die Kärntner ÖVP Hans Steinacher, eines der Idole des Abwehrkampfes, als Landeshauptmann vorgeschlagen, letzten Endes liefen dann allerdings einzelne ÖVP Mandatare aus bundespolitischer Taktik zu Wedenig über. Er novellierte 1959 das umstrittene Schulgesetz von 1945, nachdem im gemischtsprachigen Gebiet alle Schüler zweisprachig unterrichtet werden mussten. Aus dem Zwang wurde Freiwilligkeit, mit dem

Erfolg, dass 83 Prozent der betroffenen Kinder von ihren Eltern vom Slowenisch Unterricht abgemeldet wurden.

23 Infolge des vom deutschen Studentenführer Rudi Dutschke propagierten „langen Marsches durch die Institutionen" bekommen wir die Auswirkungen dieser Strategie heute sehr augenscheinlich zu spüren. Die Linksextremen kontrollieren praktisch alle drei schon damals ins Auge gefassten Bereiche: Bildung, Medien und Justiz. Nicht umsonst hat der grüne Bundespräsident Alexander van der Bellen bei der Regierungsbildung 2020 in Österreich, gegen die ursprüngliche Absicht von Bundeskanzler Kurz, darauf gedrungen, dass das Justizministerium mit der Grünen Alma Zadic als Ministerin besetzt werden musste. Da spielte es keinerlei Rolle, dass Zadic gerade einmal eineinhalb Jahre Berufserfahrung und eine erstinstanzliche Verurteilung am Hals hatte.

24 1957 wurde der Kärntner Heimatdienst neu gegründet, erster Obmann wurde Walter Lakomy. Erklärtes Ziel laut Satzung war, ähnlich dem alten Kärntner Heimatdienst: „Zweck des Kärntner Heimatdienstes ist die Stärkung der Liebe und Treue zur Heimat Kärnten und zum Vaterland Österreich". Darüberhinaus fungiert der KHD als Dachverband heimattreuer Körperschaften. 1972 übernahm Dr. Josef Feldner die Obmannschaft, die er bis heute innehat.

25 Der von der Verfassung vorgeschriebene Weg sieht nach der Beschlussfassung im Nationalrat eine Bestätigung durch die zweite Kammer, dem Bundesrat vor. Diese hat für Zustimmung oder Widerspruch eine Frist von acht Wochen. Erfolgt die Zustimmung wird das Gesetz dem Bundespräsidenten zur Begutachtung auf seine Verfassungskonformität hin vorgelegt. Dieser Prüft zwar nicht den Inhalt, aber die Rechtmäßigkeit des Zustandekommens. Beurkundet der Bundespräsident, wird das Gesetz dem Bundeskanzler zur Gegenzeichnung unterbreitet. Dieser veranlasst dann die Kundmachung im Bundesgesetzblatt. Am Tag danach tritt die Rechtswirksamkeit ein, sofern sie nicht ausdrücklich für ein

anderes Datum festgelegt wurde.

26 Erster Obmann war Hofrat DI Hubert Brabek. Vorerst konnten nur Abwehrkämpfer Mitglied werden, später auch deren Töchter und Söhne als sogenannte „Traditionsträger". Später wurden aber auch Personen ohne verwandtschaftliche Bindungen aufgenommen, die sich zu den Zielsetzungen des Traditionsverbandes bekannten. Zu diesen gehört auch, dass keine Forderungen der slowenischen Volksgruppe anerkannt werden, die über die Bestimmungen des Artikels 7 des Staatsvertrages hinausgehen. Das erklärt auch letzten Endes den erfolgten Ausstieg des Abwehrkämpferbundes aus den Einigungsgesprächen der Konsensgruppe. Seit 2000 ist Fritz Schretter Obmann.

27 Das Haus der Goldenen Gans ist für Klagenfurt mittlerweile hinsichtlich seiner Symbolträchtigkeit mehrfach bedeutsam. Es steht für die starke Eigenständigkeit der Klagenfurter und Kärntner. Hier pflegte der Kaiser bei seinen Besuchen in Klagenfurt zu logieren, nachdem er sein „eigenes Haus", die Burg, den Landständen überlassen musste. Es ist aber auch ein Symbol für das Selbstverständnis der durch die zeitgeistigen politischen Umstände hoch gespülten Grenzgänger unserer Tage. 2016 wurde das Jahrhunderte alte Symbol, die „Goldene" Messinggans über dem Eingangstor, gestohlen. Wochen später tauchte sie in der Steiermark wieder auf. Ein beigelegter Zettel verriet den Grund für die seltsame „Entführung": „go vegan Klagenfurt" war darauf zu lesen.

28 Rat der Kärntner Der Slowenen entstand 1949. Er steht der katholischen Kirche nahe.

29 Der Zentralverband Slowenischer Organisationen wurde 1955 aus dem Umfeld von SPÖ und KPÖ gegründet.

30 Janko Messner, geb. 1921 in Bleiburg, gest. 2011 in Klagenfurt, war slowenischer Schriftsteller und Lehrer. Er unterrichtete u.a. auch am slowenischen Gymnasium in Klagenfurt. Bei der Nationalratswahl 1999 war er Spitzenkandidat der Kärntner KPÖ.

31 Gemeint ist offenbar der Kärntner Anzug, der 1910 entworfen wurde. Das braune Tuch wurde als Symbol für

die Heimaterde Kärntens gewählt. Das Foto von Rudolf Vouk: Dieter Zirnig (sugarmelon.com) – CC BY 2.0, https://commons.wikimedia.org/w/index.php?curid=4782730

32 In seinem Wahlkampf wurde der aktuelle Bundespräsident (2020) Österreichs, Alexander van der Bellen, der ja davor lange Jahre Bundessprecher der Grünen in Österreich war, auf diesen Akt der übelsten, rechtlich gesehen dem Hochverrat und anderer schwerer Straftaten gleichkommenden, Entgleisung seiner Parteifreunde angesprochen. Seine Antwort im ORF: *„Da hab´ ich Ihnen aber schon gesagt, dass ich sehr böse bin".*

33 Die „Nas tednik" wurde 1949 als Organ des Rates der Kärntner Slowenen gegründet und ein Jahr später mit der „Koroska kronika" fusioniert. Seit 2003 erscheint als gemeinsame Zeitung des Zentralverbandes und des Rats der Kärntner Slowenen die Wochenzeitung „Novice".

34 Virunum wurde Mitte des 1. Jahrhunderts gegründet und war die Hauptstadt der römischen Provinz Noricum bis die Provinzverwaltung gegen Ende des 2. Jahrhunderts nach Ovilava (Wels) verlegt wurde. Virunum liegt am Zollfeld in unmittelbarer Nähe von Maria Saal. Die archäologischen Ausgrabungen dauern immer noch (2020) an.

35 Karnburg gehört zur Marktgemeinde Maria Saal. Der auf einem Hochplateau gelegene Ort lag in antiker Zeit an der Via Julia Augusta, unmittelbar vor dem Municipium Virunum. Er soll in weiterer Folge Zentrum des alpenslawischen Fürstentums Karantanien gewesen sein und war später eine karolingische Pfalz. An diesem Ort begann die Zeremonie der Kärntner Herzogseinsetzung, die ihren Abschluss beim Herzogsstuhl am Zollfeld fand.

36 Univ.-Prof. Dr. Heinz Dopsch, Jahrgang 1942, Habilitierung 1977 für das Fachgebiet der Mittelalterlichen Geschichte und der Vergleichenden Landesgeschichte, Berufung auf den Lehrstuhl für Vergleichende Landesgeschichte 1984. Dekan der Geisteswissenschaftlichen Fakultät (1991/93), Mitglied der Bayerischen und Österreichischen Akademie der Wissenschaften. Mehr als 200 wissenschaftliche Publikationen. Wissenschaftlicher

Leiter großer Ausstellungen.

37 Auch Haiders Nachfolger Dörfler (BZÖ) behielt diese Regelung bei, erst der aktuelle (2020) Landeshauptmann Peter Kaiser von der SPÖ ließ das Bild des Fürstensteins von den Landesdrucksorten nach seiner Amtsübernahme 2013 wieder entfernen.

38 Rudi Vouk kandidierte bei der Nationalratswahl 2008 als Spitzenkandidat des Liberalen Forums (LIF) in Kärnten. Er blieb mit 1,54 Prozent der Kärntner Stimmen noch deutlich unter dem bundesweiten Ergebnis des LIF von 2,09 Prozent. Würden, wegen des slowenischen Spitzenkandidaten Vouk alle Stimmen des LIF in Kärnten (5.297) der slowenischen Minderheit zugerechnet, wären damit nicht einmal 50 Prozent der damals bereits existierenden zweisprachigen Ortstafeln gerechtfertigt gewesen.

39 In Kärnten gibt es eigens für die slowenische Volksgruppe 77 Volks- und Mittelschulen, ein Bundesgymnasium und Bundesrealgymnasium, eine zweisprachige Bundeshandelsakademie und eine Höhere Lehranstalt.

40 Die Kleine Zeitung veranstaltete in dieser Frage eine online-Umfrage mit dem Ergebnis, dass rund drei Viertel der Leser für die Beibehaltung des Kärntner Heimatliedes in der bestehenden Form mit der vierten Strophe von Agnes Millonig stimmten.

41 Foto: Harel at he.wikipedia (User:Harel) - CC BY-SA 2.5, https://commons.wikimedia.org/w/index.php?curid=4980604

42 Foto Peter Kaiser: Die Grünen Kärnten from Kärnten - Kaiser – CC BY 2.0, https://commons.wikimedia.org/w/index.php?curid=38929226

Literaturverzeichnis

Arbeitskreis Dokumentation: Verbrechen an den Deutschen in Jugoslawien 1944-1948. München 2000

Carinthia I, 1960, 150. Jahrgang

Dvorak, Helge: Biographisches Lexikon der Deutschen Burschenschaft. Band I

Elste Alfred / Wadl, Wilhelm: Titos langer Schatten, Bomben und Geheimdienstterror im Kärnten der 1970er Jahre. Klagenfurt 2015

Feldner, Josef / Karner, Stefan / Sadovnik, Bernard / Stritzl, Heinz, / Sturm, Marjan (Hg): Der Ortstafelstreit. Dokumentation eines Kärntner Grenzkonflikts. Klagenfurt 2011

Feldner, Josef / Sturm, Marjan: Kärnten neu denken. Klagenfurt 2007

Feldner, Josef: 90 Jahre Kärntner Heimatdienst. Klagenfurt 2010

Fräss-Ehrfeld, Claudia: Geschichte Kärntens. Bd. 3/2 – Kärnten 1918-1920. Abwehrkampf – Volksabstimmung – Identitätssuche. Klagenfurt am Wörthersee 2010

Friedmann, Moishe A.: Der Rabbi, der Mossad und der Mord an Jörg Haider. 2019

Golowitsch, Helmut / Mölzer, Andreas: Wo man mit Blut die Grenze schrieb, 2. Auflage. Annenheim 1995

Grasberger, Franz: Die Hymnen Österreichs. Tutzing 1968

Höbelt, Lothar: Von der vierten Partei zur dritten Kraft. Geschichte des VdU. Graz 1999

Karner, Stefan / Ruggenthaler, Peter: Stalin, Tito und die Österreichfrage. Zur Österreichpolitik des Kreml im Kontext der sowjetischen Jugoslawienpolitik 1945 bis 1949. 2008

Knaus, Siegmund: Kärntner Freiheitskampf. Berlin 1941

Kreisky, Bruno: Der Mensch im Mittelpunkt, Der Memoiren dritter Teil. Wien 1996

Rumpler, Helmut (Hg.): Kärnten von der deutschen Grenzmark zum österreichischen Bundesland. Wien, Köln, Weimar 1998

Perkonig, Josef Friedrich: Heimat in Not. Klagenfurt 1921

Rulitz, Thomas Florian: Die Tragödie von Bleiburg und Viktring. Partisanengewalt in Kärnten am Beispiel der antikommunistischen Flüchtlinge im Mai 1945. Klagenfurt 2012

Schretter, Fritz: Die Slowenen in Kärnten, eine privilegierte Minderheit in Europa. Klagenfurt 2003

Scrinzi. Otto: Kärnten – tausend Jahre und siebzig. Wien 1990. Eckhartschrift Heft 114

Steinacher, Hans: Sieg in deutscher Nacht. Ein Buch vom Kärntner Freiheitskampf. Wien 1943

Steinacher, Hans: In Kärntens Freiheitskampf. Meine Erinnerungen an Kärntens Ringen um Freiheit und Einheit in den Abwehrkämpfen 1918/19 und um die Volksabstimmung 1920. Klagenfurt 1970

Wlatnigg, F.: Hundert Jahre Kärntner Heimatlied. In: Neues Kärntner Jahrbuch. Klagenfurt 1935

Zeitungen und Zeitschriften

Der Standard, Ausgaben vom

20.9.2007: *Nazi-Dichterin geehrt*

9.5.2018: *Bleiburg: Kein Totengedenken, ein rechtes Vernetzungstreffen*

Kleine Zeitung, Ausgaben vom

12.5.2011

19.4.2018: *Heftiger Streit um vierte Strophe der Kärntner Landeshymne*

Kärnten Krone, Ausgabe vom

10.10.2019: *Südkärntner wählten Zugehörigkeit zu Österreich*

Neue Ordnung, Jahrgang 2006, II/2006: Wolfgang Dvorak Stocker, *Die dumme Rechte und der „Kalergi-Plan"*

Die Presse, Ausgaben vom

20.9. 2007: *Haider ehrt umstrittene Dichterin Agnes Millonig*

Zur Zeit, Ausgaben vom

13.5.2016: *Heimat im Herzen…*

7.2.2020: *Können die Kärntner jubeln*

Der Autor

Mag. Walter Tributsch, geboren am 23. August 1954 in Klagenfurt, Sohn von Josef Tributsch und Mathilde Tributsch, geb. Petermair; der Vater stammt aus Uggowitz im Kanaltal, die Mutter aus Klagenfurt.

Volksschule (Westschule) und Bundesrealgymnasium in Klagenfurt, Lerchenfelderstraße (dort war damals auch das slowenische Gymnasium untergebracht); 1972 und 1973 jeweils drei Monate Grundwehrdienst in der Khevenhüller Kaserne Klagenfurt. Parallel und danach Studium der Betriebswirtschaftslehre an der Wirtschaftsuniversität Wien. Ab 1976 Angestellter im Marketing bei internationalen Konzernen der Markenartikelindustrie und der Werbewirtschaft.

Ab 1984 bis 1990 Betrieb einer eigenen Werbeagentur; danach Gründung und Betrieb des Privatradiosenders „Radio CD" in der Funktion des Geschäftsführers bzw. Vorstands. Ab 1997 Gründung und Betrieb der Wochenzeitschrift „Zur Zeit" in der Funktion des Geschäftsführers.

Bildnachweise:

Wir danken für die Zurverfügungstellung der Bilder:

Dem Kärntner Heimatdienst

Dem Kärntner Abwehrkämpferbund

Dr. Norbert Haslinglehner

Alexander Pakes

Ausweis von Bild- und Fotomaterial aus Wikipedia in den Anmerkungen (Endnoten).